Wie sagt man wo?

Duden

Christa Dürscheid

Wie sagt man wo?

Erstaunliche Spachvielfalt von
Amrum bis ins Zillertal

Dudenverlag
Berlin

Inhalte

Ein paar Worte zu Beginn

Ein paar Worte oder *ein paar Wörter zu Beginn*? In der Überschrift steht die Pluralform *Worte*, nicht *Wörter*. Warum? Mit *Worte* bezieht man sich im Deutschen auf die in einer Äußerung vorgetragenen Gedanken, *Wörter* meint die einzelnen Bestandteile, aus denen eine Äußerung besteht (in diesem Vorwort sind es 1.155 Wörter). Es gibt also Bedeutungsunterschiede, die allein dadurch zum Ausdruck gebracht werden können, dass man die eine oder die andere grammatische Form wählt. Wie aber verhält es sich bei Wörtern wie *grillen* und *grillieren*? Auch hier stehen zwei Varianten nebeneinander, doch in diesem Fall ist die Bedeutung dieselbe. Der Unterschied besteht lediglich darin, dass die eine Variante (*grillieren*) in einer Region des deutschen Sprachraums bevorzugt wird (in der deutschsprachigen Schweiz), die andere (*grillen*) in den anderen Regionen. Im Deutschen gibt es viele solcher Varianten, Wörter also, die bedeutungsgleich sind, aber verschieden gebildet werden (wie z. B. einmal mit *-ier-*, einmal ohne *-ier-*), und die nicht überall gleichermaßen im Gebrauch sind. Wichtig ist zu betonen, dass es sich dabei keineswegs um Dialektwörter handeln muss. Auch das sehen wir am Beispiel von *grillen* und *grillieren*: Das Verb *grillieren* ist in der Schweiz vollkommen unauffällig, man liest es beispielsweise in Werbeprospekten (*Alles zum Grillieren!*), in Zeitungsartikeln (*In der Luft liegt der Duft von grillierten Bratwürsten*) und in Kochrezepten (*Grillierte Schweinesteaks mit Kräutermarinade*). Mit anderen Worten: *Grillieren* gehört zum Standarddeutschen, es ist eine alternative Ausdrucksmöglichkeit zum – ebenfalls standardsprachlichen – Verb *grillen*.

Damit kommen wir zum Inhalt des vorliegenden Buches. Wie der Titel schon andeutet, geht es um die sprachliche Vielfalt im Deutschen – und zwar nicht nur von Amrum bis ins Zillertal, sondern auch von Esch (in Luxemburg) bis Schaan (in Liechtenstein) oder von Bozen (in Südtirol/Italien) bis Schaffhausen (in der Schweiz). Im Fokus stehen also alle Nationen bzw. alle Regionen, in denen das Deutsche als Amtssprache im Gebrauch ist. Das betrifft insgesamt sieben Länder: Deutschland, Österreich, Schweiz (neben Französisch, Italienisch und Rätoromanisch), Liechtenstein, Luxemburg (neben Französisch und Letzeburgisch), Südtirol in Italien (neben Italienisch) und die Deutschsprachige Gemeinschaft in Ostbelgien.

Natürlich ist dieser weite geografische Raum auch dadurch gekennzeichnet, dass verschiedene Dialekte gesprochen werden. Doch haben sich auf standardsprachlicher Ebene ebenfalls spezifische Gebrauchsweisen herausgebildet – und vor allem diese sollen hier thematisiert werden. So beziehen wir uns sowohl auf standardsprachliche Unterschiede im Wortschatz (wie z. B. das Nebeneinander von Wörtern wie *Karfiol* und *Blumenkohl*) als auch in der Grammatik. Beispielsweise kann man in Österreich in bestimmten Kontexten das Verb *vergessen* mit der Präposition *auf* verwenden (z. B. *Wir dürfen auf die Schwächsten in unserer Gesellschaft nicht vergessen*), in den anderen deutschsprachigen Regionen ist diese grammatische Konstruktion vollkommen unüblich. Interessante Unterschiede bestehen auch im Kommunikationsverhalten. Dabei denken wir an die Art und Weise, wie man andere begrüßt, wie man Personen anspricht, die einen akademischen Titel tragen, oder wie man in einem Restaurant einen Bestellwunsch vorträgt. Auf dieses Thema werden wir hier aber nur am Rande eingehen; zunächst sind wissenschaftliche Untersuchungen nötig, um diese Unterschiede empirisch fassen zu können.

Nun zu der Frage, auf welche Forschungsarbeiten wir uns im Folgenden stützen. Ein wichtiges Referenzwerk ist das

»Variantenwörterbuch des Deutschen«, das, wie es im Klappentext heißt, »ca. 12.000 standardsprachliche Wörter und Wendungen mit national oder regional eingeschränkter Verbreitung« auflistet. Auch die »Variantengrammatik des Standarddeutschen« hat es sich zur Aufgabe gemacht, der Vielfalt des Deutschen Rechnung zu tragen – und auch auf dieses Werk werden wir uns mehrfach beziehen. Anders als im »Variantenwörterbuch« liegt der Schwerpunkt hier aber nicht auf den standardsprachlichen Unterschieden im Wortschatz, sondern auf Phänomenen, welche die Grammatik des Deutschen betreffen. Dazu gehören unter anderem die Wortstellung und die Verbkonjugation, aber auch der Gebrauch von Artikeln und Präpositionen.

Einige Karten aus der »Variantengrammatik« sind im Folgenden abgedruckt, zudem haben viele Informationen aus diesem umfangreichen Werk Eingang in das vorliegende Buch gefunden. Eine weitere Informationsquelle ist der »Atlas zur deutschen Alltagssprache«, der, wie auch die »Variantengrammatik«, im Internet kostenfrei zur Verfügung steht und neben Wortschatz und Grammatik auch solche Phänomene erfasst, die zur Aussprache und zum Kommunikationsverhalten zählen. Und nicht zuletzt sei der Twitter-Account »@VariantenGra« genannt. In den Tweets, die jeweils nicht mehr als 280 Zeichen umfassen dürfen, werden viele Fragen rund um die deutsche Sprache behandelt. Auch diese Kurztexte stellen eine wichtige Grundlage für das vorliegende Buch dar. Die vollständigen Literaturangaben zu allen genannten Werken finden sich im Anhang; ergänzt werden diese um weitere Titel, die für die Leserinnen und Leser interessant sein könnten.

Noch ein Wort zum Aufbau des Buches: An dieses Vorwort schließt das Kernstück der Arbeit an, die alphabetisch geordnete Liste mit kleinen Texten, Karten und Illustrationen zur sprachlichen Vielfalt im Deutschen. Alle Artikel sind mit einem Kürzel versehen: G steht für *Grammatik*, W für *Wortschatz*, K für

Kommunikationsverhalten und RS für (*Recht-*)*Schreibung*. Die Kürzel sollen anzeigen, zu welchem Themenbereich das jeweils behandelte Phänomen gehört. Drei Bereiche beziehen sich auf die gesprochene und auf die geschriebene Sprache (G, W und K), zur vierten Kategorie (RS) gehören nur schriftbezogene Phänomene. Dazu zählen sowohl solche, welche die Rechtschreibung betreffen (z. B. die Verwendung des Buchstabens Eszett), als auch solche, die sich auf die Textgestaltung beziehen (z. B. die Verwendung von Emojis). Manche mögen sich fragen, ob es in diesem Bereich überhaupt zu regionalen bzw. nationalen Unterschieden kommen kann. Antworten auf diese Frage findet man in den entsprechenden Artikeln. Doch wie gelangt man möglichst schnell zu einem Artikel, der hierfür von Interesse sein könnte? Zum einen gibt es ein alphabetisches Register, das für die schnelle Suche konsultiert werden kann. Zum anderen befindet sich am Ende des Buches ein thematisches Register, in dem die Seitenzahlen aufgelistet sind, die zu den vier oben genannten Themenbereichen führen. Hier lässt sich beispielsweise gezielt nachschlagen, welche Artikel die (Recht-)Schreibung des Deutschen betreffen.

Am Ende dieses kleinen Vorworts sei eine persönliche Bemerkung gestattet (weshalb ich nun von der *Wir-* zur *Ich-Form* wechsle). Seit dem Jahr 2002 bin ich an der Universität Zürich tätig und seit dieser Zeit habe ich, oft zusammen mit Kolleginnen und Kollegen, zahlreiche Publikationen auf den Weg gebracht. Eine dieser Publikationen ist die »Variantengrammatik des Standarddeutschen« (in Ko-Autorenschaft mit Stephan Elspaß und Arne Ziegler), auf die ich mich, wie oben dargelegt, im Folgenden stütze. Hinter der Arbeit an diesem Werk steht ein großes Team von Mitarbeitenden, die ich nicht alle namentlich nennen kann. Ihnen sei für ihre Arbeit herzlich gedankt. Weiter ist es mir ein Anliegen, hier den zwei Personen zu danken, die mich seit vielen Jahren in meiner Arbeit am Lehrstuhl unterstützen: Gerard Adarve und Andi Gredig. Auch zu diesem Buch haben sie einen Beitrag geleistet. Danken möchte ich auch Carolina Olszycka vom Dudenverlag, die das Schreiben am vorliegenden Text so kompetent betreut hat.

Es bleibt mir nun, den Leserinnen und Lesern viel Vergnügen bei der Lektüre zu wünschen. Und noch etwas mehr als das: Ich hoffe, dass die Lektüre sie/Sie zu interessanten Einblicken in den Reichtum der deutschen Sprache führt. Ist beides der Fall, dann hat dieses Buch sein Ziel erreicht.

Zürich, im Sommer 2021   Christa Dürscheid

Von
A wie
ABC-Straße
bis **Z** wie
Zwiebel

A
B
C
D
E
F
G
H
I
J
K
L
M
N
O
P
Q
R
S
T
U
V
W
X
Y
Z

RS Straßennamen werden auf verschiedene Weise gebildet. Sie können sich z. B. auf Orts- oder Personennamen beziehen (vgl. *Wiener Straße, Goethestraße*) oder auf Institutionen am Ort (vgl. *Universitätsstraße*). Aber warum gibt es in Bochum eine **ABC-Straße**? Ist dort das Zentrum für Schriftlinguistik? Keineswegs, an dieser Straße stand früher eine Grundschule. ▫

W In der Schweiz sind die **Abitur**ientinnen *Maturandinnen*, in Österreich sind sie *Maturantinnen*. Dabei achte man auf die Schreibweise: In Österreich schreibt man das Wort mit *t* (wie *Praktikant*), in der Schweiz mit *d* (wie *Doktorand*). ▫

RS In jeder Sprache gibt es **Abkürzungen** – oft sind es Kurzschreibweisen für Wörter oder Wortgruppen, die häufig gebraucht werden oder aus dem fachsprachlichen Kontext heraus verständlich sind. Hier einige Beispiele aus dem Deutschen. ▫

o. Ä. Nr. Hrsg. usw. evtl. v. a. i. d. R. ca. d. h.

G »Ein solcher Wein möchte man gerne auch in seinem Keller wissen.« Der **Akkusativ** erscheint nicht immer da, wo er sollte. So auch nicht in diesem Zitat aus einem Werbeprospekt. Was mag der Grund sein? Sätze beginnen im Deutschen oft mit einem Subjekt – und ein Subjekt muss im Nominativ stehen. Diese Regel wurde befolgt, das erste Satzglied also in den Nominativ gesetzt. Nur: *Ein solcher Wein* ist hier gar nicht das Subjekt. ▫

K Unser Eindruck: Die Formel *Alles gut* wird immer populärer. Nicht nur als Frage (*Alles gut?*), sondern auch als Antwort auf eine Entschuldigung oder zur »Entproblematisierung« (*Sorry, ich habe kein Geld dabei. – Alles gut!*). Gerne wird diese Formel aber auch dann verwendet, wenn es eigentlich gar keinen Grund dafür gibt. So entschuldigt man sich für eine Kleinigkeit, und die/der andere reagiert mit *Alles gut*. Da fragt man sich schon: Was sollte deswegen nicht gut sein? ▫

G *ab zwölf Jahren* oder *ab zwölf Jahre*? Beide Versionen kommen vor. Auf duden.de heißt es dazu: »Wenn die Präposition *ab* eine **Altersangabe** einleitet, kann sowohl der Dativ als auch der Akkusativ folgen.« Beide Versionen sind also richtig. Allerdings gleicht der Akkusativ *ab zwölf Jahre* an der Oberfläche dem Nominativ, beide Kasusformen haben hier dieselben Endungen. ▫

G Die Arbeitswoche ist vorbei, was steht am Wochenende *am* Programm. Oder *auf dem Programm*? Wo ist welche Präposition im Gebrauch? Dazu findet man in der Variantengrammatik die folgende Information: »Außer in Österreich wird die Formulierung mit *auf dem* im gesamten deutschsprachigen Raum fast ausnahmslos verwendet.« ▫

W | *Öömrang.* Das ist die Bezeichnung für den nordfriesischen Dialekt, der auf **Amrum** (friesisch: *Oomram*) gesprochen wird. Dieser Dialekt unterscheidet sich von den anderen friesischen Dialekten in vielerlei Hinsicht. So sagt man zu *Weihnachten* auf Amrum und Föhr *Jul*, auf Sylt *Jöl* und auf Helgoland *Wiinachten* und die Farbe *blau* heißt entweder *blä*, *blö* oder *bli*. ⊡

G | *Am Freitag, dem/den 23. April 2021, war der Welttag des Buches.* Beide Varianten kommen vor, Dativ und Akkusativ. Doch warum tritt hier der Akkusativ überhaupt in Konkurrenz zum Dativ? Ob das eine **Analogiebildung** zu *Freitag, den 23. April, war der Welttag des Buches* ist, also zu einer Konstruktion, in der das Datum ohne das einleitende *Am* steht? ⊡

G | Soll man das fehlende Reflexivpronomen in dem Satz »Die Laune meiner Mutter ändert mehrmals am Tag« als Fehler anstreichen? Manche mögen sich fragen, wieso das kein Fehler sein sollte. Dazu muss man wissen, dass es in der Schweiz einige Verben gibt, die ohne Reflexivpronomen gebraucht werden können. Ein Satz wie *Das Wetter **ändert*** ist in einer Schweizer Zeitung vollkommen unauffällig. ⊡

G | Dass die Verben *liegen*, *sitzen* und *stehen* je nach Region das Perfekt mit *sein* oder *haben* bilden (z.B. *Ich bin/habe auf dem Stuhl gesessen*), ist bekannt. Interessant ist, dass es auch bei *anfangen* eine solche Variation gibt. So kann man in Münster einen Satz hören wie *Die Party ist schon angefangen*. Möglicherweise ist das auf den Einfluss aus dem Niederländischen zurückzuführen, wo dieses Verb mit dem Hilfsverb *zijn* (= sein) konjugiert wird. ⊡

G   *Liebe alle* – diese **Anrede** ist ja so praktisch. Hier steht ein Adjektiv (*liebe*) vor einem Pronomen (*alle*). Oder ist *alle* eine substantivierte Form? Dann müsste man das Wort großschreiben (vgl. dazu auch *Netter Er sucht sympathische Sie*). Auf jeden Fall ist eine solche Kombination im Deutschen – anders als im Englischen – stark markiert. ▫

W   So ist es oft: Schöne Strecken sind für den Autoverkehr gesperrt bzw. die Zufahrt ist nur noch für *Anstösser* erlaubt – oder für *Anrainer/Anwänder/Anlieger/Anwohner*innen*. Ist man nicht *Anstösser* und fährt doch weiter, wird sicher schnell jemand daran Anstoß nehmen. ▫

W Hier eine Auswahl von Schweizer Dialektwörtern für **Apfel-kerngehäuse**: *Abbiss, Mutschgi, Pätschi, Pfütschgi, Ursi, Üürbsi, Wurzii, Zwitschgi*. Und es gibt noch viele mehr! Wie sagt man dafür in Deutschland? Auch dazu einige Beispiele: *(Apfel-)Knust, Bitz, Butzen, Grotze, Griebsch, Krotz, Kitsch, Nüsel*. ▣

RS *Oma's, Foto's, Andrea's, samstag's, Auto's* – diese **Apostroph-setzung** wird oft kritisiert. Doch ist sie immer falsch? Im Amtlichen Regelwerk zur deutschen Rechtschreibung wird in § 97 der »gelegentliche Gebrauch dieses Zeichens zur Verdeutlichung der Grundform eines Personennamens vor der Genitivendung *-s*« als zulässige Variante genannt. Man beachte aber: Das gilt nur für Personennamen und natürlich nicht für Wörter wie *samstags* oder für Wörter, die im Plural stehen. ▣

»Wie zu Oma's besten Zeiten: Handgebrühter Filterkaffee — nur 2,35«

G *Schranke schließt automatisch. Lift kommt. Umbau beginnt im Herbst.* Sätze, in denen der **Artikel** fehlt, stehen oft auf Hinweisschildern, in Zeitungsüberschriften, als Buchtitel – also da, wo wenig Platz ist. Aber warum verwendet man diese »Sparsyntax« auch bei *U-Bahn fährt ein*? Hier gibt es genug Platz, der Artikel wird dennoch weggelassen. Daran sieht man: Die Sparsyntax ist zu einem Stilelement geworden, das auf Hinweistafeln vollkommen unauffällig ist und auch dann verwendet wird, wenn es nicht darum geht, Platz zu sparen. ▣

W Christi Himmelfahrt wird am 39. Tag nach Ostern gefeiert. In der Schweiz und in Liechtenstein bezeichnet man diesen Tag als *Auffahrt*. Im Variantenwörterbuch steht dazu, dass hierfür auch die Bezeichnungen *Herrentag*, *Vatertag* oder *Männertag* im Gebrauch sind. Doch was hat das mit Christi Himmelfahrt zu tun? Dazu das Variantenwörterbuch: »Dies ist ein von Männergruppen zum [feuchtfröhlichen] Feiern genutzter Tag«. ▫

W Das Verb *aufhören* verwenden wir alle. Wie ist es aber mit der Konstruktion *Etwas hört sich auf*? Dazu liest man in der Variantengrammatik, dass diese Formulierung in Österreich im Gebrauch ist und häufig die Konnotation hat, »dass eine Grenze (des Erträglichen, Zumutbaren o. Ä.) erreicht ist«. ▫

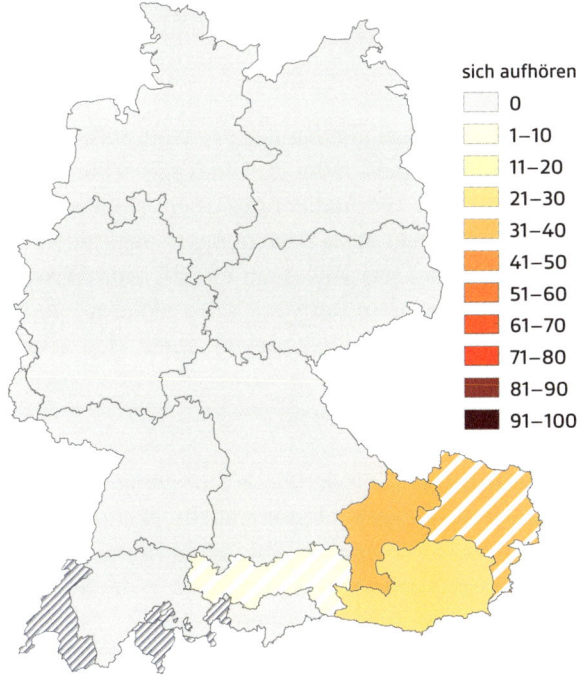

sich aufhören

	0
	1–10
	11–20
	21–30
	31–40
	41–50
	51–60
	61–70
	71–80
	81–90
	91–100

W Wir haben in der Pandemie die Erfahrung gemacht: Gerade in schweren Zeiten möchte man sich auch über etwas freuen können. Was waren eure *Aufsteller*? Falls ihr nicht wisst, was das Wort bedeutet: Ein *Aufsteller* ist ein Anlass für gute Laune. Das Wort ist in der Schweiz gebräuchlich – und zwar sowohl im Dialekt als auch im Standarddeutschen. ▫

G »Von hier aus werden alle Länder der Welt **außer** die USA beliefert.« So hörte man es in der 20-Uhr-Tagesschau. In welchem Kasus steht die *USA*? Formal könnte es ein Nominativ oder ein Akkusativ sein, korrekt muss nach *außer* (= abgesehen von) aber der Dativ verwendet werden. Doch es gibt eine Verwendungsweise, bei der neben dem Dativ auch der Akkusativ möglich ist. Dazu steht auf duden.de folgendes Beispiel: »Ich gerate außer mir / außer mich vor Freude.« ▫

W *Hoffnung* ▸ *Hoffnig; Stornierung* ▸ *Stornierig; Meinung* ▸ *Meinig* – Wer Schweizerdeutsch lernen möchte, kann sich als Faustregel merken: *-ung* wird zu *-ig*. Aber nicht immer: *Entschuldigig* gibt es nicht. Doch stattdessen sollte man in der Schweiz ohnehin besser *Äxgüsi* oder *Pardon* sagen. ▫

W Betrachten wir nun drei Dialektwörter aus dem **Badischen**: *Gnissli, huddle* und *hotletz. Gnissli* und *huddle* lässt sich leicht erklären: ›Brotanschnitt‹ und ›sich beeilen‹. Schwieriger ist es mit *hotletz*. Wie kann man dieses Wort umschreiben? Hier ein Versuch: *Ich war ganz hotletz = Ich war vollkommen durcheinander.* ▣

G In Zürich gibt es eine *Bahnhofkirche*. Warum nicht *Bahnhofskirche*? Anderswo liest man **Badmeister**. Warum nicht *Bademeister*? Das freilich sind die falschen Fragen. Es bestehen nun einmal regionale Präferenzen. Doch es gibt auch eine feste Regel: Endet das Erstglied auf *-ung, -heit* oder *-keit*, muss ein Fugenelement eingesetzt werden (vgl. *Vorlesungsende, Freiheitsdrang, Aufmerksamkeitsverlust*). In diesem Fall herrscht keine regionale Variation. ▣

W Interessant ist bei **Balkon** nicht nur die Aussprache, sondern auch die Pluralbildung. In der Variantengrammatik steht dazu, dass im gesamten deutschsprachigen Raum die Pluralform *Balkone* üblich sei, dass es aber auch Regionen gibt, wo daneben die Variante *Balkons* verwendet wird (so z. B. in Nordostdeutschland und in Luxemburg). Das wiederum korreliert mit der Aussprache: Wer [bal'kõ:] sagt, das Wort also tendenziell französisch ausspricht, wird den Plural nicht mit *-e* bilden. ▣

W Ein Schuhgeschäft in Kehl nennt sich *Schuh**Bändel***. Wie könnte ein solches Geschäft anderswo heißen? *SchnürSenkelladen* (in Solothurn)? *SchuhRiemenladen* (in Dormagen)? *SchuhLitzeladen* (in Meran)? *SchuhBandladen* (in Villach)? Auf jeden Fall sollte man das Wort in BinnenGroßschreibung setzen. Das fällt auf. ▣

W̲ Wir erinnern uns: In Österreich (und nicht nur da) waren pandemiebedingt alle Restaurants und alle Bars geschlossen. Doch spricht man überhaupt von *Bar*? Im Atlas zur deutschen Alltagssprache liest man, dass in Österreich v. a. die »Bezeichnungen *Wirtshaus* und *Beisel* sowie [...] *Gasthaus* verbreitet« sind. Andere Wörter hierfür sind *Kneipe* (in Nord- und teilweise auch in Süddeutschland) oder *Beiz* (vorzugsweise in der Schweiz). ▫

W̲ Dem ***Bauchgefühl*** sollte man *folgen* (auch auf der Autobahn), man soll auf das *Bauchgefühl* hören, das *Bauchgefühl* ist *ein verdammt kluger Kopf*. Warum ist das Wort *Bauchgefühl* so populär? Warum spricht man nicht einfach von *Intuition*? Oder von der *inneren Stimme*? Offensichtlich neigt der Mensch dazu, seine Gefühle bestimmten Körperregionen zuzuordnen (vgl. *Ich habe einen Kloß im Hals. Sie hat eine Mordswut im Bauch. Das bricht ihm das Herz.*). ▫

G̲ Die Wortbildung mit *be-* ist im Deutschen produktiv: *laden* ▶ *beladen, tanken* ▶ *betanken, kochen* ▶ *bekochen*. Auch *-bar* lässt sich produktiv einsetzen: *machbar, lesbar, downloadbar*. Und beides kann man kombinieren: *baden* ▶ *bebaden* ▶ ***bebadbar***. Ein schönes Wort! Hier ein Beispielsatz: ▫

Die Aare ist bebadbar.«

K *Ich bin **bedient*** hat eine Grundbedeutung (= *Ich habe genug*) und zwei Verwendungskontexte: *Ich bin enttäuscht* oder – im Gegensatz dazu – *Ich bin zufrieden*. Zu Letzterem ein Beispiel: Wird man in einem Schweizer Restaurant gefragt, ob man noch einen Wunsch habe, kann man mit der Antwort *Nein danke, ich bin bedient* zum Ausdruck bringen, dass alles bestens ist. ▣

G »Komma **bei** mich **bei**!« Dabei handelt es sich um die Verschmelzung des Verbs mit dem Folgewort (*komm mal* ▶ *komma*), dann folgt *bei* anstelle der Präposition *zu* und ein Akkusativ (*mich*) anstelle des Dativs. Schließlich wird die Präposition noch wiederholt. Doch wo hört man eine solche Aufforderung? Beispielsweise kann es sein, dass dies in Bochum die Oma zu ihrem Enkel sagt, wenn sie mit ihm sprechen möchte. Alternativ dazu hört man aber auch *Komma bei die Oma*. ▣

W *Kommas* oder *Kommata*? Dass im Plural beide Formen möglich sind, wissen die meisten. Weniger bekannt dürfte sein, dass man in Österreich anstelle von *Komma* ein anderes Wort verwendet: ***Beistrich***. Und hier bereitet der Plural sicher keine Probleme. ▣

W Kennt ihr das Gedicht »Dunkel war 's, der Mond schien helle« (Verf. unbekannt)? Es ist voller Widersprüche. Ein Beispiel: »'ne Butterstulle, die mit Schmalz bestrichen war«. Zu *Stulle* steht im Variantenwörterbuch, dass dieses Wort v. a. in Nordostdeutschland und insbesondere in Berlin gebräuchlich ist. Als Varianten dazu werden genannt: *Schnitte*, ***Bemme*** und *Knifte*. ▣

$\boxed{W}$ Was ist ein *Bering*? Was ein **Benevolat**? In Luxemburger Zeitungen finden sich einige solche Wörter, die nicht gemeindeutsch (d. h. nicht im gesamten deutschsprachigen Gebiet gebräuchlich) sind. Das Variantenwörterbuch schreibt dazu, dass *Bering* das zu einem Gebäude gehörende Land bezeichnet und das Wort *Benevolat* verwendet wird, wenn es um eine unbezahlte gemeinnützige Tätigkeit geht. Beides sind Luxemburgismen, also Wörter, die standardsprachlich sind und bevorzugt in Luxemburg verwendet werden. ▣

$\boxed{W}$ »**Benützung** auf eigene Gefahr!« Fällt bei dieser Schreibung etwas auf? In der Variantengrammatik liest man dazu: »Die beiden Varianten *benutzen* und *benützen*, also einmal ohne und einmal mit Umlaut, werden ohne Bedeutungsunterschied nebeneinander verwendet.« Doch auch hier gibt es regionale Unterschiede. In Deutschland wird die Variante ohne Umlaut bevorzugt, in Österreich und der Schweiz ist neben *benutzen* auch *benützen* gebräuchlich. ▣

$\boxed{G}$ Nun zur Vorfeldbesetzung, d. h. zu dem Abschnitt des Satzes, der vor dem finiten Verb steht. Hier zwei Beispiele: *Schon hat das neue Jahr begonnen!* **Bereits** *hat das neue Jahr begonnen!* Für manche ist nur der erste Satz akzeptabel, der zweite nicht. Warum eigentlich? Die Bedeutung ist doch dieselbe. Offensichtlich gibt es aber regionale Präferenzen. Dazu steht in der Variantengrammatik, dass die Verwendung von *bereits* als einziges Wort im Vorfeld fast ausschließlich in der Schweiz und ganz selten auch in Liechtenstein vorkommt. ▣

$\boxed{G}$ *XY* **betreffend** – *betreffend XY*. Das Wort *betreffend* kann als Postposition oder als Präposition verwendet werden, also nachgestellt oder vorangestellt werden. Und mit welchem Kasus? Wenn *betreffend* vorangestellt wird, gibt es gleich drei Optionen: Akkusativ, Dativ oder Genitiv. Das zeigt die Auswertung von Zeitungen aus verschiedenen deutschsprachigen Regionen. Hier drei Beispiele: *betreffend den Golfplatz* (Akkusativ); *betreffend dem Doppelsteuerungsabkommen* (Dativ); *betreffend des genauen Unfallhergangs* (Genitiv). ▫

W *Duvet, Tuchent, Oberbett.* Im Deutschen haben wir verschiedene Bezeichnungen für die **Bettdecke**. Doch was versteht man genau darunter? Mit oder ohne Federn? Und wo verwendet man welches Wort? Im Variantenwörterbuch liest man, dass *Duvet* bevorzugt in der Schweiz und *Tuchent* in Österreich gebraucht wird. Die Bezeichnung *Oberbett* wird dem nord- und mittelwestdeutschen Raum zugeordnet. ▫

W Es gibt Rapshonig, Blütenhonig, Waldhonig, Tannenhonig, Bienenhonig, Kleehonig u. v. m. – und es gibt viele verschiedene Bezeichnungen für die verschiedenen Honigsorten. Die Dialekte sind besonders variantenreich. Nehmen wir nur das Wort **Bienenhonig** und sammeln dafür einige Wörter aus dem Schweizerdeutschen: *Immihung, Biilihung, Bijihunig, Beielihung, Biinahonig.* ▫

RS **Bilder** können verschiedene Funktionen einnehmen: Oft ergänzen sie den Text, sie können aber auch anstelle von Text stehen – und sogar anstelle eines einzigen Buchstabens. Das ist bei der Schreibung des Wortes *Sonne* mit einem Sonnen-Emoji der Fall: *S☀nne.* Linguistisch gesprochen: Das Sonnen-Emoji steht hier allografisch für den Buchstaben *o*. ▫

RS Das »Bergbau-Museum« befindet sich in Bochum. Es schreibt sich mit **Bindestrich**. Ist das falsch? Natürlich nicht. Oft aber fehlt der Bindestrich bei Komposita (vgl. *Kürbis Suppe, System Administrator*). Mehr zur Getrenntschreibung von Komposita findet man auf duden.de in der Rubrik Sprachwissen. Hier heißt es: »Auch wenn man sie oft zu sehen bzw. zu lesen bekommt, ist die Getrenntschreibung solcher Zusammensetzungen nach wie vor nicht korrekt. Ist das neu entstandene Wort unübersichtlich und damit nicht so gut lesbar, kann man allerdings einen Bindestrich zwischen die Bestandteile setzen.« ▫

RS Die **BinnenGroßschreibung** ist sehr populär (vgl. *InterCity, RegionalBahn*). Zulässig ist sie nicht. Nur bei Akronymen (z. B. *BAFöG*) dürfen Großbuchstaben im Wortinnern gesetzt werden. Wir fragen uns: Welchen Zweck hat es, Komposita auf diese Weise zu untergliedern? Eine Antwort ist, dass die Aufmerksamkeit auf das Wort gelenkt wird (z. B. in der Werbung), eine andere, dass in Wörtern, die häufig abgekürzt werden, die betreffenden Buchstaben auf diese Weise markiert sind (vgl. *InterCity* ▶ *IC*, *RegionalBahn* ▶ *RB*). ▫

G *Schwarzräumen* und ***Blaufahren*** – beides passiert auf der Straße. Wo liegt der Unterschied? Im einen Fall handelt es sich um ein resultatives Verb (die Straße ist schwarz nach dem Schneeräumen), im anderen Fall um die Kombination eines Zustands (*blau sein*) und eines Fortbewegungsverbs (*fahren*). Und wo werden diese Wörter gebraucht? In Deutschland und Österreich kennt man sie vermutlich nicht, in der Schweiz sind sie vollkommen unauffällig. ▫

W Wo liegt der Unterschied zwischen einem Schweizer Dialekt-wort und einem Helvetismus? Helvetismen werden in der Schweiz in der geschriebenen und gesprochenen Standardspra-che verwendet, für Dialektismen gilt das nicht. Hier ein solcher Helvetismus: *etwas/jemanden* **bodigen** (= *etwas/jemanden besie-gen, bezwingen*). So liest man in einer Schweizer Zeitung: ▫

»Wirtschaft will Konzerninitiative mit Ständemehr bodigen.«

G Hoffen wir, dass das Coronavirus für alle Zeiten eingebremst ist. Oder sollte es heißen *abgebremst*? Zum regionalen Gebrauch des Verbs **bremsen** steht in der Variantengrammatik, dass diese Variante in Österreich und in Südtirol gebräuchlich ist. Wie es sich mit den regionalen Präferenzen genau verhält, sehen wir auf der folgenden Karte. ▫

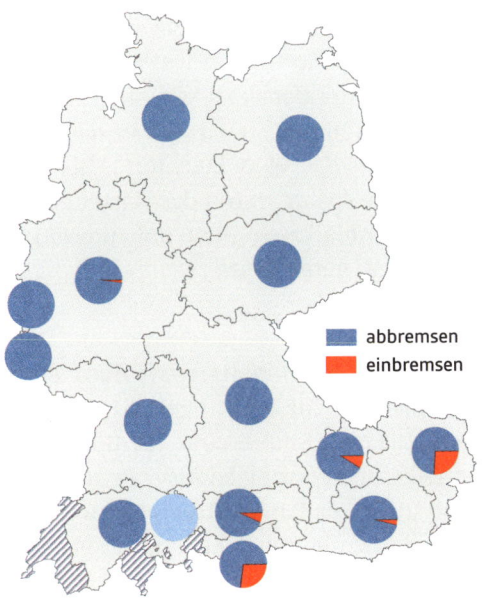

abbremsen
einbremsen

W Nun kommen wir zum Thema **Brot**. Das Endstück wird laut Variantenwörterbuch als *Kanten*, *Scherzel*, *Knäppchen*, *Knäusle*, *Knust*, *Krüstchen* oder *Anschnitt* bezeichnet. Auch für das Wort *Brötchen* gibt es viele Varianten. Dazu einige Beispiele: *Semmel*, *Weckerl*, *Mutschli*, *Schrippe*. Doch handelt es sich dabei um Synonyme? ▣

W Es gibt Redensarten, die sowohl im Dialekt als auch in der Standardsprache gebräuchlich sind. Hier ein Beispiel aus dem Variantenwörterbuch: »Ein Berner Vertreter der Schweizerischen Volkspartei hat das Heu nicht auf der gleichen **Bühne** wie ein Waadtländer.« Gemeint ist damit (um eine andere Redensart zu bemühen): Die beiden haben nicht dieselbe Wellenlänge. ▣

W Auf einem Plakat, das in der Schweiz als Teil einer Werbekampagne zu sehen war, konnte man lesen: »Werde Bünzli!«. Was hatte das zu bedeuten? ***Bünzli*** ist eigentlich ein Familienname und steht für ›Spießbürger‹. Dazu gibt es das Adjektiv *bünzlig*. Nun wissen wir, was das Wort bedeutet – aber was sollte das Ganze? Einige Tage später wurde das Rätsel gelöst. Es war ein Appell an alle, den Abfall zu trennen und umweltgerecht zu entsorgen (so wie es ein guter *Bünzli* tut). ▣

W Auf welcher Silbe liegt in Wörtern wie ***Büro***, *Budget*, *SMS*, *BH*, *USA* der Hauptakzent? Als Faustregel gilt: Je weiter im Süden, desto eher wird die erste Silbe betont. Im Atlas zu deutscher Alltagssprache steht zu *BH* beispielsweise: »In der Deutschschweiz, in Liechtenstein, in Baden-Württemberg und teilweise auch noch in der Pfalz ist die Betonung auf der ersten Silbe üblich, also ’*B[e]H[a]* (mit kurzem *a* im Auslaut).« ▣

G *campen/campieren*; *recyceln/rezyklieren*; *grillen/grillieren*; *parken/parkieren* – dabei handelt es sich um regionale Varianten. Zu diesen liest man in der Variantengrammatik: »Im Süden des deutschsprachigen Raums (insbesondere in der Schweiz) besteht die Tendenz zur Bildung von Verben mit *-ier(en)* [...]«. Es wird aber auch auf Ausnahmen hingewiesen. Dazu gehört z. B. das Verb *amten/amtieren*. Bei diesem ist es so, dass *amtieren* die im ganzen deutschsprachigen Raum übliche Variante ist und daneben in der Schweiz und in Liechtenstein das Verb auch ohne den Zusatz *-ieren* verwendet wird. ▫

W Wer Französischkenntnisse hat, kommt in der Deutschschweiz schon weit. So spricht man vom *Chalet*, vom *Necessaire*, vom *Camionneur* oder vom **Caquelon**. Zu *Caquelon* steht im Variantenwörterbuch: »zur Zubereitung eines Fondues verwendete Pfanne aus Steingut oder emailliertem Gusseisen«. Und was bedeutet *Camionneur*? Das ist eine Person, die einen Camion (= Lastwagen) fährt. Und was ein *Necessaire*? Das ist ein kleiner Beutel, in dem man Hygieneartikel aufbewahren kann (z. B. auf einer Reise). ▫

W Es gibt in der Schweiz einige Straßennamen, die in Dialektschreibung stehen. Hier einige Beispiele: *Hohli Gass* (= Hohle Gasse), *Chilestrasse* (= Kirchstraße), *Chüeweid* (= Kuhweide),

Chatzetöbeli (= Katzentobel). Nur: Was ist ein Tobel? Darunter versteht man ein enges Tal bzw. eine Schlucht, durch die Wasser fließt. ▫

G Rund um **Corona** entstanden viele neue Komposita. So war die Rede von der *Coronafrisur*, von *coronamüde*, vom *Virusvarianten-gebiet* oder von *pandemiebedingt*. Dass es so viele neue Wörter gab, hing aber nicht nur mit den besonderen Umständen, sondern auch mit der Grammatik zusammen: Zwei bis n Wörter können im Deutschen zu einem neuen Wort zusammengefügt werden, in anderen Sprachen tritt an diese Stelle eine Wortgruppe (und damit kein neues Wort). ▫

G Wir alle kennen die Spaltung von Pronominaladverbien (vgl. *Da kann ich nichts für*). Oft geht diese mit einer Verdoppelung von **da** einher (vgl. *Da kann ich nichts dafür*). In der Variantengrammatik steht dazu, dass diese Verdoppelung fast im gesamten deutschsprachigen Raum anzutreffen ist. Sie tritt aber ausschließlich in der Verbindung mit *da* auf. Das bedeutet: Eine Verdoppelung vom Typus *Wo kann ich nichts wofür?* gibt es nicht. ▫

K »Lass bitte die **Dame** hier vorbei.« – Die Frage stellt sich, ob man so über eine andere Person in deren Gegenwart sprechen würde. Ist es nicht altmodisch, in diesem Fall das Wort *Dame* oder *Herr* zu verwenden? Wir meinen: Hauptsache ist, man verhält sich zuvorkommend (und hält z. B. die Tür auf, wenn jemand folgt). ▫

W *Das geht sich aus*. Dies ist eine in Österreich beliebte Redewendung. Was bedeutet sie und wie sagt man dazu in anderen Regionen? In der Variantengrammatik werden dafür die Bedeutungen ›(knapp) möglich sein‹ und ›(gerade noch) reichen‹ angegeben. In Deutschland z. B. würde man stattdessen vermutlich sagen: *Das haut gerade noch hin.* ▫

G Über dem **Dativ** sein Kasus wurde schon viel geschrieben. Warum ist diese Konstruktion so beliebt? Nehmen wir als Beispiel den Satz *Das ist dem Peter sein Auto*. Man kann auf diese Weise zunächst – bildlich gesprochen – den Anker werfen, d. h. den Besitzer (Possessor) nennen, und sich erst dann auf das beziehen, was an dem Anker hängt (d. h. das Possessum). ▣

G In einer österreichischen Zeitung lesen wir: »Gastronomie sperrt mit 15. Mai wieder auf.« Das bringt uns dazu, über **Datumsangaben** in Kombination mit Präpositionen nachzudenken. Hier ein weiteres Beispiel: *Das Café ist bis und mit 15. Mai geschlossen*. Dabei handelt es sich um eine schweizerische Variante. Anderswo würde es vermutlich heißen: *bis einschließlich 15. Mai*. ▣

G In Weihnachtsliedern sind oft alte Wortstellungsregularitäten konserviert. Dazu gehört die Voranstellung des Genitivattributs, vgl. *des Himmels goldene Höh'n*. Heute kommt eine solche Wortstellung meist nur noch bei Eigennamen vor (vgl. *Lisas Buch*) oder in Formeln wie *Jeder ist seines Glückes Schmied*. ▣

W Es gibt einige Faustregeln, die dabei helfen, einen **Dialekt** zu lernen. Im Schweizerdeutschen lautet eine Regel z. B.: »Spreche die Endung *-ung* als *-ig* (vgl. *Hoffnig*, *Trennig*).« Auch für das Kölsche gibt es solche Regeln, so z. B. »Spreche *g* am Wortanfang als *j* (vgl. *jon*).« Damit kommt man schon recht weit. Hier ein Beispiel: ▣

»Schad, dat de jon muss.«

RS Hinweisschilder, Straßenschilder, Graffiti, Plakate – überall sehen wir Schrift. Meist sind die Texte monologisch; es können aber auch kleine **Dialoge** sein, wie das folgende Bild zeigt. In der Sprachwissenschaft gibt es dazu einen eigenen Forschungszweig, die »Linguistic-Landscape-Forschung«. Diese befasst sich mit dem Vorkommen von geschriebener Sprache im öffentlichen Raum. ⊡

K Zum Wort *Digga* steht auf Wikipedia, es stamme aus der Hamburger Jugend- und Umgangssprache. Weiter erfahren wir, dass es als Anrede für einen Freund oder Kumpel gebraucht wird und keinesfalls abwertend gemeint sei. Es bezieht sich also nicht auf das Körpergewicht des Angesprochenen. Das ist gut zu wissen. ⊡

K In Bezug auf die Schweiz spricht man oft von einer **Diglossie**: Man spricht Dialekt und schreibt Hochdeutsch. Doch schon längst haben sich die Verhältnisse verschoben. In WhatsApp®

z. B. ist es vollkommen unauffällig, Nachrichten komplett in Dialekt zu verfassen. Hier ein Beispiel. ▫

Gute Morge, da s'Wätter hüt nöd mitmacht, findet hüt kein gmeinsamer Walk statt. Bliebed fit!

G »Verkleinerungsformen (auch: **Diminutiva**) von Substantiven können durch das Anfügen der Suffixe *-chen, -lein, -erl, -(e)le* bzw. *-(e)l* und *-li* gebildet werden.« So steht es in der Variantengrammatik. Ein Beispiel dafür ist das Wort *Stube*: *Stübchen, Stüberl, Stüble, Stübli*. Hier einige weitere solche Verkleinerungen. ▫

Häuslein · Bachel · Städtlein · Bächli · Häuschen · Hüsli · Dörfel · Häusle · STÄDTCHEN · Dörfli · Städtle · Städtli · Bächle · Bächlein · Hauserl

W Was sagt man, wenn man über jemanden sprechen will, dessen Namen man eigentlich weiß, an den man sich im Moment aber nicht erinnert? Im Atlas zur deutschen Alltagssprache steht dazu: »Fast überall im deutschen Sprachraum ist es üblich, für einen Namen, den man vergessen hat, eine Variante von *Ding* zu verwenden.« Und an anderer Stelle heißt es: »Vor allem in Bayerisch-Schwaben und dem Osten von Baden-Württemberg, verstreut auch in der Osthälfte Österreichs und ganz vereinzelt an weiteren Stellen in der Südhälfte Deutschlands ist noch ein ganz anderer Ausdruck üblich, wenn man den Namen einer Person vergessen hat: Hier wurde neben *der Dings* auch *der Eine* angegeben.« ▫

W | **Disco**. Wird das Wort heute noch verwendet? Wir meinen: Das ist ein Anachronismus, die Karriere dieses Wortes ist im Deutschen vorbei. Oder geht man in Zürich, Berlin, Wien oder Vaduz noch in die Disco? Hört man sich etwas um, dann stellt man rasch fest: Inzwischen ist eher das Wort *Club* angesagt. ▫

K | Ein unterschiedlicher Sprachgebrauch kann zu amüsanten kommunikativen Missverständnissen führen. So mag es in Berlin seltsam anmuten, wenn man als Zürcherin im Restaurant einen Wein mit den Worten *Wir hätten gerne ein* **Dreierchen** bestellt. Auch die Rede vom *Badekleid* (statt *Badeanzug*) kann für Erheiterung sorgen. ▫

G | *skypen*, *fischen*, **drohnen** – Was haben diese drei Verben gemeinsam? Sie sind von Substantiven abgeleitet und folgen damit einem regulären Wortbildungsmuster. Nur: Das Verb *drohnen* ist (noch) nicht im allgemeinen Gebrauch und steht deshalb auch nicht im Duden. Dabei ist es so praktisch. ▫

»Wer *drohnen* kann, ist klar im Vorteil.«

G *Durchweg*/durchwegs, *nochmal*/nochmals, *weiter*/weiters. Das sind Adverbien, die mit und ohne -*s* gebildet werden können. Je nach Region wird die eine oder andere Variante bevorzugt. In der Variantengrammatik sind diese Präferenzen auf einer Karte dargestellt. Hier sehen wir die Karte zu *durchweg*/*durchwegs*. ▣

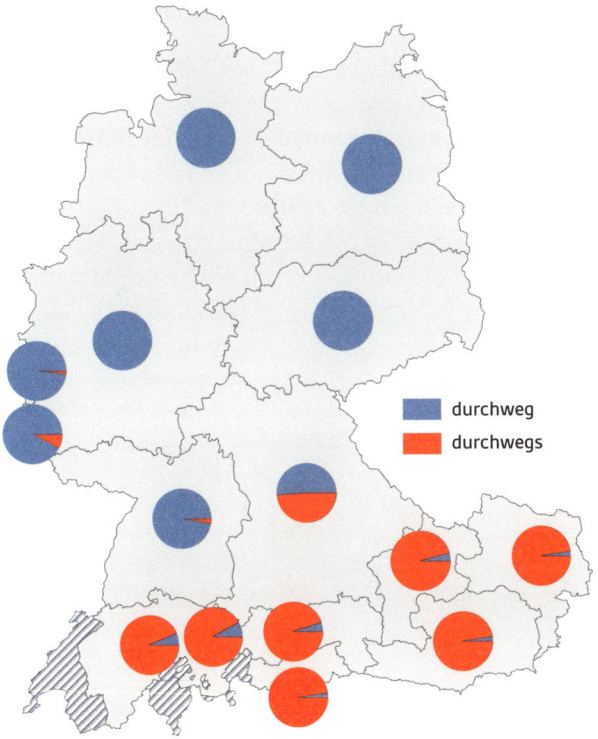

durchweg
durchwegs

G Im Deutschen steht das Verb an der ersten, zweiten oder letzten Position – und das natürlich auch im Dialekt. Dies sehen wir am Beispiel des Verbs **dürfen**. Dazu drei viel zitierte Sätze aus dem Kölschen: *Darf dat dat? Dat darf dat! Dat dat dat darf!* ▣

K Dass immer mehr Unternehmen ihre Kundschaft **duzen**, ist bekannt. Man kann dazu geteilter Meinung sein. Aber wenn sie es schon tun, sollten sie sich auch die Anrede gut überlegen. Im Beispiel steht »Geschätzte Kunden«. Wir meinen: Das ist ein Stilbruch. Wer sich für diese Anrede entscheidet, der sollte beim Sie bleiben. ▫

»Geschätzte Kunden, bitte beachtet, dass die Öffnungszeiten abweichen können.«

G Dass ein -*s* in bestimmten zusammengesetzten Wörtern eingefügt werden kann bzw. muss, ist bekannt (vgl. *Vorlesung-s-ende*). Alternativ dazu gibt es auch die **e-Fuge** (vgl. *Tag-e-buch*) und die *en*-Fuge (vgl. *Motor-en-geräusch*). Regional können solche Fugenelemente variieren. Das ist bei dem Kompositum *Person-s-/-en-beschreibung* der Fall. ▫

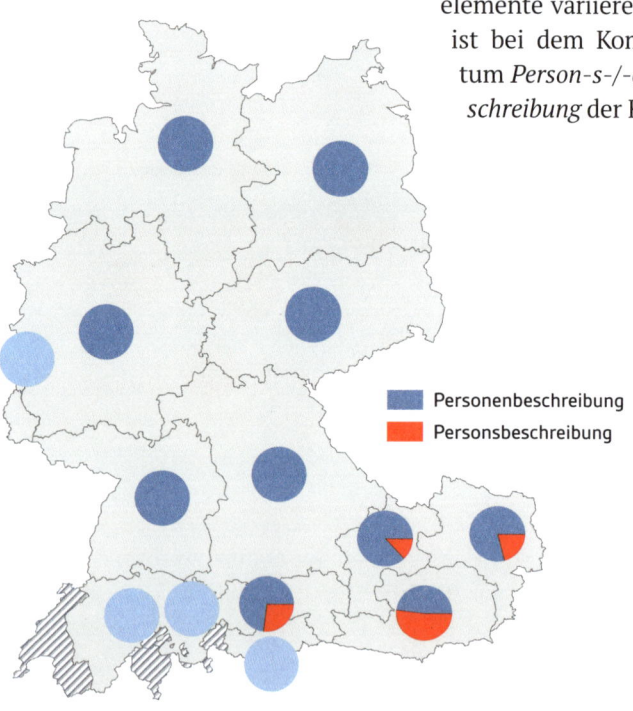

Personenbeschreibung
Personsbeschreibung

W Auf einer Schweizer Speisekarte sehen wir das Wort *Einge-klemmtes*. Ist das nicht sehr passend für das, was es meint? Nur: Was meint es? Das Variantenwörterbuch informiert darüber, dass mit diesem Wort ein *Sandwich* bezeichnet wird. Und es wird auch ein Beispiel gegeben: »Für den kleinen Hunger gibt es verschiedene Eingeklemmte.« En Guete! ⊡

G Vergleichen wir die beiden Verben *einheben* und *erheben*. Hier zwei Beispiele zu *einheben*: »Wie genau diese Gebühr eingehoben werden soll, ist [...] nicht klar.« »Der Staat sollte zuerst alle Steuern einheben.« Wo verwendet man diese Variante? In der Variantengrammatik steht dazu, dass in Österreich und Südtirol fast ausnahmslos *einheben* verwendet wird. ⊡

W Nach den Wahlen in Liechtenstein musste man sich lange gedulden, bis die ersten Resultate – so stand es in einer Liechtensteiner Zeitung – *einlangten*. Auf duden.de liest man dazu, dieses Verb sei österreichisch, als Beispiel wird »Er ist gestern in Wien eingelangt« genannt. Ist *einlangen* also ein Grenzgänger? Das Beispiel zeigt auf jeden Fall, dass standardsprachliche Varianten nicht an der Landesgrenze Halt machen. ⊡

RS **Emojis** sind überall: Geburtstagsgrüße werden mit Emojis verschickt; Firmen verzieren ihre Newsletter mit Emojis; Werbeagenturen setzen auf Emojis; T-Shirts, Spiele, Bücher, Filme werden mit Emojis vermarktet. Und es gibt sogar einen Welt-Emoji-Tag. Dieser ist am 17. Juli. ⊡

W *diesseits – jenseits. hüben – drüben. ennet –.* Wir fragen uns: Wie lautet das Gegenwort zu **ennet**? Was bedeutet dieses Wort überhaupt? Im Variantenwörterbuch steht dazu, dass *ennet* in der Schweiz in der Bedeutung von ›drüben‹ verwendet wird. Dazu ein Beispiel: »An seinen Arbeitsort ennet der Geleise hat sich J. schnell gewöhnt.« Ein Gegenwort gibt es unseres Wissens nicht. ⊡

G Was ist der Unterschied zwischen *enteisend* und *enteist*? Beide Schreibweisen sind korrekt. *Enteisend* ist das Partizip I zum Verb *enteisen (= vom Eis befreien)*, *enteist* das Partizip II zu **enteisenen**. Ein enteisentes Mineralwasser ist also ein solches, das vom Eisengehalt befreit wurde. ⊡

W Nun geht es um eine Kölner (Sprach-)Spezialität, genauer um die **Erbsensuppe**. Wie sagt man dafür im Kölschen? *Ääzezupp*. Und mit welchen Beilagen kombiniert man dieses Wort bzw. diese Suppe? Wir machen einen Vorschlag: *met Hämche un Woosch*. ▫

E

G Das Verb **erinnern** kann in verschiedenen Kombinationen auftreten, vgl. *sich an eine Sache erinnern* oder *sich einer Sache erinnern*. Und es kann auch ohne Reflexivpronomen und mit einem Akkusativobjekt stehen, vgl. *Ich erinnere ihn gut.* Auf duden.de wird diese Variante als »besonders norddeutsch« eingestuft. ▫

W Im Variantenwörterbuch findet man einige Hinweise auf Luxemburgismen, so z. B. unter dem Eintrag **Erkennungstafel**. Doch was versteht man darunter? Dazu steht hier Folgendes: »an Fahrzeugen sichtbar angebrachte Tafel mit einem amtlichen Kennzeichen; ›Nummernschild‹.« ▫

G Das Verb **erschrecken** kann in der Bedeutung ›einen Schreck bekommen‹ oder ›jemanden erschrecken‹ gebraucht werden. In der zweiten Lesart gibt es im Präteritum nur eine Variante: *Ich erschreckte ihn.* Anders in der ersten Lesart: *Ich erschrak* oder *Ich erschreckte.* ▫

G Auf grammatischer Ebene gibt es einen Unterschied zwischen *sich bessern* und **erwarten**. Das eine Verb kann ohne Reflexivpronomen stehen (*bessern*), das andere mit (*sich erwarten*). Die *bessern*-Variante ohne *sich* kommt in der Schweiz und in Liechtenstein vor. So lesen wir in einer Schweizer Zeitung: »Das gehe erst, wenn die

Finanzlage des Kantons wieder bessere.« Zum Verb *erwarten* steht in der Variantengrammatik, dass die Variante mit *sich* v. a. in Österreich und Südtirol gebräuchlich ist. Auch dazu ein Beispiel, dieses Mal aus einer österreichischen Zeitung: »Künftig erwartet man sich insgesamt bis zu 20.000 Übernachtungen pro Jahr.« ▫

G | *In Rom hat es viele Hotels. / In Rom gibt es viele Hotels.* – Welche Variante würdet ihr verwenden? Im Atlas zur deutschen Alltagssprache steht, dass »die Wendung **es hat** (im Sinne von *es gibt*) eine schwäbische und schweizerdeutsche Besonderheit ist, die jedem Besucher bald auffällt.« Interessant daran ist auch: Es ist die grammatische Konstruktion, die auffällt; die Verben selbst (*haben*, *geben*) sind ja vollkommen unauffällig. ▫

W | Viele kennen das Wort **Estrich** wohl nur in der Bedeutung von ›Fußboden‹ o. Ä. Nicht so in der Schweiz. Im Variantenwörterbuch liest man dazu: »unbewohnter Raum unter dem Dach eines Hauses«. Andere verwenden dafür das Wort *Bühne*, wieder andere sagen dazu *Speicher*, *Söller* oder *Dachboden*. ▫

W | Es gibt viele Wörter, um zum Ausdruck zu bringen, dass etwas nicht genug gesalzen ist. Hier eine Auswahl aus dem Schweizerdeutschen: **faad**, *blöd*, *ööd*, *lees*, *liis*. Wie sieht es in anderen Sprachregionen aus? Uns fällt dazu ein: *Das schmeckt nach gar nichts.* Oder: *Das schmeckt wie eingeschlafene Füße.* ▫

W | Wie nennt man Personen, die gerne Karneval feiern? *Karnevalisten*? *Jecke*? **Fasnächtler**? Zu *Fasnächtler* kennen wir eine interessante Variante: *Fastnachter*. Mehr zur Verwendung dieser

Bezeichnungen findet man in der Variantengrammatik. Hier steht auch, dass das Wort *Fasnächtler* (ohne *-t-*) in der Schweiz und in Liechtenstein im Gebrauch ist. ▣

[W] *Dreikäsehoch*, *Kummerspeck*, *Torschlusspanik*, **Fernweh**, *Erklärungsnot*, *innerer Schweinehund*, *Kuddelmuddel*: In einem Zeitungsartikel liest man, diese »Wörter können im Englischen nur umschrieben werden, weil es sie nicht gibt«. Wir haben das getestet und einige dieser Wörter mit DeepL übersetzt. Hier das Resultat. ▣

> Fernweh
> → wanderlust
>
> Dreikäsehoch
> ⟹ Three cheese high
>
> Kummerspeck
> → bacon
>
> TORSCHLUSSPANIK
> → PANIC
>
> innerer Schweinehund
> → innes pig dog

[W] In Zeitungen werden umgangssprachliche Formulierungen oft dann verwendet, wenn der Artikel den Menschen aus dem Herzen sprechen soll. So lesen wir in einer Kölner Zeitung »Corona, du **fiese Möpp**«. Was das bedeutet, versteht man auch dann, wenn man diesen Ausdruck nicht kennt. Doch vielleicht ist es noch interessant zu erfahren, dass *Möpp* im Rheinischen einen kleinen Hund meint. ▣

⟨W⟩ Das Schweizer Wort *Maskenobligatorium* versteht man überall, auch wenn es viele nicht benutzen würden. Was aber ist ein **Finkenobligatorium**? Was sind *Finken*? Dabei handelt es sich keineswegs um Vögel. Im Variantenwörterbuch steht dazu: »(warmer) Hausschuh; Pantoffel«. Und es werden dafür noch andere Bezeichnungen genannt, so z. B. *Patschen*, *Schluffen*, *Latschen*, *Puschen* oder *Schlapfen*. ▫

⟨W⟩ Wie nennt man einen flachen Kuchen, der direkt auf dem Backblech gebacken wird? Laut Variantenwörterbuch sagt man in Österreich **Fleck**, in Deutschland ist es der *Blechkuchen* und in der Schweiz und in Südwestdeutschland die *Wähe*. Dazu kommen verschiedene Dialektbezeichnungen, wie z. B. *Wääa* oder *Flaade*. ▫

⟨W⟩ Wer **Französisch** spricht, kennt das Wort *Perron*. Die anderen haben vielleicht Mühe damit – es sei denn, sie kommen aus der

Deutschschweiz. Hier werden einige »Französismen« verwendet (so z. B. auch *Lavabo*) und das verwundert nicht bei der Nähe zur französischsprachigen Schweiz. ▫

G Es gibt im Deutschen einige Verben, die von Personennamen abgeleitet sind, z. B. Sebastian Kneipp ▸ *kneippen*; Samuel Morse ▸ *morsen*; Wilhelm Röntgen ▸ *röntgen*; Joseph Frings ▸ *fringsen*. Allerdings vermuten wir, dass das Verb *fringsen* viele nicht (mehr) kennen. Es bedeutet ›etwas aus der Not heraus stehlen‹ und erinnert an den Kölner Kardinal Frings, der nach dem Zweiten Weltkrieg Verständnis dafür zeigte, dass die Bevölkerung in ihrer Not Kohle stahl. ▫

W *Frohe Weihnachten! Fröhliche Weihnachten! Besinnliche Weihnachten!* Das wünscht man sich zur Weihnachtszeit. Doch worin besteht der Unterschied zwischen **froh** und *fröhlich*? In Kombination mit *Weihnachten* sind die beiden Wörter Quasisynonyme, es gibt aber Kontexte, in denen sie nicht austauschbar sind (vgl. *Ich bin froh, dass nichts passiert ist – Ich bin fröhlich, dass nichts passiert ist*). ▫

W *Ausnahmsweise einmal* oder *für einmal* – Was sagt man wo? In der Schweiz, in Liechtenstein und Vorarlberg ist *für einmal* die bevorzugte Variante. So liest man in einer Schweizer Zeitung: »Für einmal geriet der sportliche Aspekt zur Nebensache.« ▫

W Wie bezeichnet man das nichtprofessionelle **Fußballspielen**? In Deutschland ist dafür das Wort *bolzen* bekannt. Doch es gibt noch andere Varianten. Dazu steht im Atlas zur deutschen

Alltagssprache: »Im Westen Deutschlands und im Osten Österreichs ist darüber hinaus das Wort *kicken* verbreitet, das vom engl. *kick* stammt; in der Steiermark, dem Burgenland und Niederösterreich sowie Baden-Württemberg ist es die weit überwiegend genannte Form. In der Schweiz benutzt man den Ausdruck *tschutten/schutten*.« ▣

K In der Gesprächslinguistik spricht man von einem *Gap*. Dies meint die minimale Sprechpause zwischen zwei Redebeiträgen. Gibt es hier kulturelle Unterschiede? In der Forschung wurde die Vermutung geäußert, dass Schweizerinnen und Schweizer im Gespräch längere Sprechpausen ertragen, Deutsche dies dagegen als unangenehm empfinden würden. Das kann dazu führen, dass sich ihr Gesprächsbeitrag minimal mit dem vorangehenden überlappt – was als unhöflich gelten mag. ▣

W Viele Austriazismen kennt man von Speisekarten (z. B. *Eierschwammerl, Paradeiser, Kren, Marille*). Sie stehen auf der EU-Liste der »spezifisch österreichischen Ausdrücke«. Was aber ist eine *Garçonnière*? Auch dieses Wort ist v. a. in Österreich gebräuchlich; es bezeichnet eine Einzimmerwohnung. Das Wort leitet sich vom Französischen *garçon* für Junggeselle ab. ▣

W Über die Aktion »Wort des Jahres« wird immer viel berichtet. Wie ist es aber mit der »**Gebärde** des Jahres«? Meist bezieht sie sich auf eine Person (z. B. 2019 auf Greta Thunberg). Doch im Jahr 2020 war dies anders: Damals wurde in der Schweiz die Gebärde für *Coronavirus* zur »Gebärde des Jahres« gekürt, in Deutschland war es die Gebärde für das Wort *positiv*. ▣

K *Mich kann man kaufen. Miete mich. Ich bin eine Pfandflasche.* Gelegentlich sieht man Objekte, die mit solchen Aussagen beschriftet sind. Das erinnert daran, dass manche Menschen mit **Gegenständen** sprechen (z. B. mit ihrem Computer oder dem Navigationssystem). Das mag noch nachvollziehbar sein, doch warum lässt man die Gegenstände selbst sprechen? Fest steht: Eine solche Anthropomorphisierung ist auf jeden Fall ein geschicktes Stilmittel. ▫

W *Wie geht's? Er geht in sich. Der Bus geht in fünf Minuten. Das geht nicht. Der Teig geht. Geht es so? Das geht zu weit. Geht's noch?* Das Verb **gehen** ist multifunktional. Man versuche nur einmal, im Deutschen einen Tag ohne dieses Verb auszukommen. Geht das überhaupt? ▫

G Dass in der Werbung häufig Adjektive wie *super* und *mega* verwendet werden, wissen wir (vgl. *Ein super Schnäppchen!*). Doch leider kann man die beiden Wörter nicht in den Superlativ setzen. Diese Möglichkeit bietet das Adjektiv **geil**, vgl. *Geiles Angebot im geilsten Netz.* Die Frage ist aber, ob eine solche Wortwahl der potenziellen Kundschaft gefällt. ▫

W Auf diesem Einkaufszettel ist das Wort **Gelberüben** zu lesen. Die Bezeichnungen *Gelbrübe* bzw. *gelbe Rübe* ist v. a. in Südwestdeutschland im Gebrauch. Alternativ dazu spricht man auch von *Karotten*, *Wurzeln*, *Mohrrüben* oder *Möhren*. Und in der Schweiz? Hier verwendet man das Wort *Rüebli*. ▫

RS Auch bei der Schreibung von **Geldbeträgen** gibt es Variation: In Deutschland und Österreich dient als Dezimalkennzeichen das Komma (vgl. 12,45 €), in der Schweiz der Punkt (vgl. 12.45 CHF). Als Tausendertrennzeichen werden in Deutschland und Österreich Punkt oder Leerzeichen verwendet (vgl. 3.000 €), in der Schweiz steht ein Apostroph (vgl. 3'000 CHF). ⊡

G

W Im Atlas zur deutschen Alltagssprache liest man, dass es im Gebrauch der Wörtchen *ne* und *gell* »einen auffälligen Gegensatz zwischen einem nördlichen und einem südlichen Teil des deutschen Sprachgebiets gibt«. Im Norden verwendet man v. a. die Variante *ne*, und südlich »von Eifel, Westerwald und Thüringer Wald ist *gell* in verschiedenen Ausspracheformen (*gel/ge/gö/gä/gäu*) die vorherrschende Variante«. Hinzu kommt ein ganzes Spektrum weiterer Formen, z. B. *oder, wa, nich wahr, stimmt's, woll.* ⊡

G Im Winter freut man sich auf das Schlittschuhlaufen. Das sollte man aber nur tun, wenn das Eis *dick genug*/*genug dick* ist. Wie man sieht, geht es hier um die Wortstellung von [*genug* + Adjektiv]. Dazu steht in der Variantengrammatik: »Die Stellung des Adjektivs vor *genug* wird ÜBERALL verwendet. [...] Die Stellung des Adjektivs nach *genug* kommt lediglich, wenn auch selten, in CH vor: *Ereignet sich ein Notfall, ist man schon genug nervös.* (St. Galler Tagblatt).« ⊡

W Es gibt Substantive, bei denen das **Genus** variiert. Zu diesen zählen die Wörter *Gehalt, Kies, Pauschale, Pfand, Polster, Raster, Rodel, Schorle, Barometer, Comic, Dress, Gulasch* und *Gummi.* Dabei handelt es sich um regionale Präferenzen, es liegen keine Bedeutungsunterschiede vor. ⊡

W Was ist der Unterschied zwischen *la Werkstadt* und *la weltan-schauung*? *La weltanschauung* ist ein bekannter **Germanismus** (ebenso *le leitmotiv*, *le hamster*, *l'hinterland*), *la Werkstadt* da-gegen eine Ad-hoc-Bildung und ein guter Eyecatcher (um auch einen Anglizismus ins Spiel zu bringen). ▫

K Vor Kurzem hörten wir ein Gespräch in der Bäckerei: »**Gerne** noch etwas dazu? – Ja, einen Kaffee gerne. – Sehr gerne. Mit Milch? – Nein, gerne ohne. – Sehr gerne.« Ist das nicht eine schöne *Gerne*-Kaskade? ▫

K *männlich/weiblich/divers* – Deutschland gehört zu den wenigen Ländern, die die Existenz von mehr als zwei **Geschlechtern** rechtlich anerkennen. Das Allgemeine Gleichbehandlungsge-setz (AGG) betrifft hier auch Stellenanzeigen (vgl. *Augenoptiker m/w/d gesucht*). Wie sieht dies in anderen deutschsprachigen Ländern aus? Dort ist eine solche Ausschreibung zwar noch nicht vorgegeben, wird inzwischen aber auch häufig verwendet (bzw. als Variante dazu *m/w/x*). ▫

G Hier eine Reihe von grammatischen Merkmalen, die charakteristisch sind für die **gesprochene Sprache**: reduzierte Verbendungen (*ich komm*), Demonstrativpronomen statt Personalpronomen (*Der kommt heute nicht*), Indikativ statt Konjunktiv (*Er sagt, er ist krank*), Verberststellung (*Versteh ich nicht*). Wir fragen uns: Werden solche Ausdrucksweisen im fremdsprachigen Deutschunterricht thematisiert? ▣

G

G Reflexivpronomen treten in Kombination mit Verben auf (z. B. *sich freuen*). Auch hier gibt es regionale Unterschiede. So liest man in der Variantengrammatik unter dem Eintrag ***gewohnt*/*gewöhnt*** sein: »Die Variante ohne *sich* wird überall verwendet [...]. In der Schweiz und in Liechtenstein wird daneben etwa gleich häufig die Variante mit *sich* verwendet.« Ein Satz wie *Wir sind uns gewohnt, früh schlafen zu gehen* ist in der Schweiz also vollkommen unauffällig. ▣

K Man wünscht euch ein schönes Wochenende, einen schönen Abend, einen schönen Tag. Was entgegnet ihr? Im Atlas zur deutschen Alltagssprache (AdA) werden verschiedene Möglichkeiten genannt: ***Gleichfalls****! Dir/Ihnen auch! Ebenfalls! Ebenso! Auch so!* Nun stellt sich die Frage: Was sagt man wo? Wie im AdA weiter zu lesen ist, ist z. B. die Formel *Dir/Ihnen auch* in Österreich geläufig. ▣

G *Sie streicht die Wände weiß. Er backt die Liebsten **glücklich**.* Dabei handelt es sich um Resultativkonstruktionen (im Resultat sind die Wände weiß und die Liebsten glücklich). Doch der zweite Satz mutet seltsam an. Warum? *Die Liebsten* hat keinen direkten Bezug zum Verb. Man kann zwar so backen, dass die Liebsten glücklich sind, doch dann sind die Liebsten – grammatisch gesprochen – nicht das Objekt, sondern Teil eines untergeordneten Satzes. ⊡

K Wie grüßt man in der Schweiz? Auf jeden Fall sagt man nicht *Grüzi*, sondern ***Grüezi***. Doch auch das sagt man nicht überall. In Bern beispielsweise heißt es *Grüessech*, in Basel oder Solothurn *Guete Daag*. Grüßt man mehrere Personen, dann sagt man z. B. *Grüezi mitenand*. Nur: Ab welchem Alter zählen Kinder mit? Das lässt sich in keinem Stilratgeber nachlesen. ⊡

K Immer öfter hört und liest man die Formel *Bleiben Sie gesund*. Viele E-Mails enden mit diesen Worten, und es vergeht kaum eine Nachrichtensendung, bei der am Ende nicht dieser Wunsch geäußert wird. Ob wir diese neue **Grußformel** nach der Pandemie beibehalten werden? Die Frage muss zum jetzigen Zeitpunkt offenbleiben. ⊡

W Zum Wort ***Güggeli*** gibt es eine ganze Reihe von Varianten. Im Variantenwörterbuch steht dazu: »Brathuhn A D, Brathendl A D-südost, Hendl A D-südost, Mistkratzerli CH, Poulet CH, Hähnchen CH D (ohne südost), Brathähnchen D, Broiler D-nordost.« Doch eine Variante fehlt: *der Guller*. ⊡

RS Im Amtlichen Regelwerk zur deutschen Rechtschreibung steht: Folgt auf einen »kurzen Vokal nur ein einzelner Konsonant, so kennzeichnet man die Kürze des Vokals durch Verdopplung des Konsonantenbuchstabens.« Und weiter heißt es: »Statt kk schreibt man ck.« Diese Regeln wurden im folgenden Beispiel konsequent umgesetzt. Nur: Der Vokal wird lang gesprochen. Der *Hacken* ist ein Haken. ▣

RS Das folgende Beispiel zeigt den Anfang eines Werbetextes auf einem Schweizer Postauto (= Postbus). Dazu muss man zweierlei wissen: 1. Das #-Zeichen wird im Deutschen als Doppelkreuz, Rautezeichen oder Gartenzaun bezeichnet. 2. In der Schweiz verwendet man für *Zaun* das Wort *Hag*. Deshalb also: # = *Gartenhag*. ▣

»# = Gartenhag«

W Variation ist überall – auch auf diachroner Ebene. Das zeigt sich daran, dass es Wörter gibt, die man heute kaum mehr verwendet. Was bedeutet z. B. *Hagestolz?* Und was *Malefiz?* Als *Hagestolz* bezeichnete man früher einen älteren, etwas wunderlichen Junggesellen, *Malefiz* meinte ursprünglich eine schlechte Tat, ein Vergehen. Den meisten ist das Wort aber als Name für ein beliebtes Gesellschaftsspiel bekannt. ▣

W Auf duden.de steht, dass das Wort **Hahnen** landschaftlich sei. Im Variantenwörterbuch gibt es dazu einen Eintrag unter dem Stichwort *Hahnenwasser* (= Leitungswasser) und es werden noch drei weitere Varianten genannt: *Gänsewein*, *Hahnenburger* und *Kraneberger*. Zu *Gänsewein* wird vermerkt, dass dieses Wort nur scherzhaft gebraucht wird. Allerdings! ▫

»Das Internet repariert halt keine Heizung.«

W Uns interessiert an diesem (so wahren) Satz das Wörtchen *halt*. Es gehört zu den vielen Modalpartikeln im Deutschen, die sich schwer übersetzen lassen (und nie am Satzanfang stehen können). Wie kann man die Bedeutung von *halt* umschreiben? Unser Vorschlag: »Das Internet repariert nun einmal keine Heizung«. Im Englischen könnte man dies so wiedergeben: »After all, it's not the internet that repairs your heating.« ▫

W In einem Zeitungsartikel lesen wir: »Rudi trägt einen Harass mit frisch geernteten Äpfeln herbei.« Das Wort *Harass* in diesem Text mag vielen fremd vorkommen. Es ist ein Helvetismus. Im Variantenwörterbuch steht zu **Harass**: »offenes Behältnis [aus Holzlatten] (vor allem für Obst und Gemüse)«. Wie bezeichnet man dieses Behältnis anderswo? Hier einige Vorschläge: *Kiste*, *Steige* oder *Stiege*. ▫

W Als Variante zu dem in der Schweiz gebräuchlichen Wort **harzen** wird in Österreich das Verb *sich spießen* verwendet. Beide Wörter haben die Bedeutung ›(durch Widrigkeiten) mühsam vonstattengehen‹. Dazu ein Beispielsatz aus einer

österreichischen Zeitung: »Es spießt sich an den Gemeindewoh-
nungen, die im ehemaligen Gasthaus untergebracht sind.« ▣

W Das in der Schweiz vollkommen unauffällige Adjektiv *hässig*
ist sicher nicht allen bekannt, seine Bedeutung lässt sich im
Kontext aber meist gut erschließen. So ist unschwer zu erken-
nen, was der Satz *Wenn man nicht richtig schlafen kann, wird man
schnell hässig* bedeutet. Anderswo würde man dafür *muffig, mie-
sepetrig* oder *missgelaunt* sagen. ▣

G In Österreich gibt es die Bezeichnung *Hättiwari* für eine Person, die ständig überlegt, was man hätte anders tun können. Wie
wir sehen, wird dieses Wort mit dem Verb *hätte* (*Hätt-i*) gebildet. Anstelle einer solchen Konjunktivform verwendet man im
Deutschen oft eine Umschreibung mit *würde* (vgl. *Ich hätte* ▸ *ich
würde haben; ich käme* ▸ *ich würde kommen; Ich wäre* ▸ *ich würde
sein*). Demnach wäre ein *Hättiwari* ein *Würdiwari.* ▣

W In der Variantengrammatik gibt es einen Abschnitt zur regionalen Verwendung von Redensarten. Eine solche Redensart ist
der Satz *Es zieht wie Hechtsuppe*. Diese Formulierung ist fast nur
in Deutschland gebräuchlich; in Österreich heißt es *Es zieht wie
in einem/im Vogelhaus*. ▣

W Zum *Henkelmann* steht im Variantenwörterbuch, dass es sich dabei um ein »mit Deckel und Klammer verschließbares Behältnis zum Mitnehmen von warmen Speisen« handelt. So nahmen die Bergleute im Ruhrgebiet für ihre schwere Arbeit unter Tage einen Henkelmann mit. Dieser war mit einer Klammer (einem Henkel) verschließbar – daher die Bezeichnung *Henkelmann*. ▫

W Für den Schluckauf gibt es eine ganze Reihe von dialektalen Ausdrücken (z. B. *Hötsch*, *Higger*, *Hescher*, *Gluckser*, *Schackler*, *Hitzgi*, **Hickser**, *Hickes*, *Schlickser*). Im Atlas zur deutschen Alltagssprache wird unterschieden zwischen »Schluckaufwörtern«, die man dem Arzt gegenüber verwendet, und anderen, die man z. B. im Gespräch mit Kindern sagt. Dazu heißt es: »Lebt man in einer Region, in der auch mit dem Arzt Dialekt gesprochen wird (wie z. B. in der Schweiz), verwendet man dieselben Bezeichnungen wie im Gespräch mit Kindern. In anderen Regionen (wie z. B. in Norddeutschland) gebraucht man gegenüber dem Arzt meist nur das Wort *Schluckauf*.« ▫

W *Hinz und Kunz*, *Herr und Frau Schweizer*, *Krethi und Plethi*, *Lieschen Müller*, *Otto Normalverbraucher* – was haben diese Ausdrücke gemeinsam? Sie stehen im Deutschen als Oberbegriff für Menschen, die als prototypische Vertreter ihrer Kategorie gelten. Doch woher kommen diese Bezeichnungen? Nehmen wir das Beispiel *Hinz* (= Heinrich) und *Kunz* (= Konrad). Im Mittelalter waren *Heinrich* und *Konrad* weit verbreitete Herrschernamen. Das führte dazu, dass auch viele einfache Leute ihre Kinder so nannten und sich in der Folge *Hinz und Kunz* als (geringschätzige) Bezeichnung für x-beliebige Personen etablieren konnte. ▫

W In einem Artikel über die schöne Stadt Tübingen lesen wir »Do**hogge**ddiadiaemmerdohogged«. Im Text dazu heißt es, dieser Satz stehe auf einem Schild am Eingang zu einem Restaurant. Oft sieht man solche Hinweisschilder auch an schwäbischen Stammtischen. Was mag das bedeuten? Hier die Auflösung: *Do hogge* (= sitzen) *die, die immr do hogge.* ▫

W **Homonyme** sind Wörter, die gleich lauten und gleich geschrieben sind, aber unterschiedliche Bedeutung haben (z. B. *Ball*; *Bank*). Dazu zählen auch solche Wörter, die sich im Artikel unterscheiden (z. B. *der/das Tau*; *der/die Kiefer*). Auch *der/die Fackel* gehört dazu. Im Berndeutschen wird *der Fackel* in der Bedeutung von ›Zettel‹ oder ›Stück Papier‹ verwendet, es kann sich aber durchaus auch auf offizielle Schreiben beziehen. ▫

K Im Variantenwörterbuch gibt es ein kurzes Kapitel zum Thema Pragmatik. Hier heißt es: »Wohl nur in Deutschland kann man bei einer Bestellung im Restaurant hören ›**Ich krieg(e)** *xx*‹; in der Schweiz und in Österreich hört man eher ›*Ich hätte gern x*‹.« Trifft das zu? Und falls ja: Was ist davon zu halten? Auf jeden Fall muss man eine solche Aussage empirisch überprüfen (z. B. auf der Basis von Audioaufnahmen an verschiedenen Orten). In der Linguistik gibt es dazu interessante Forschungsarbeiten. Diese fallen unter das Stichwort »Variantenpragmatik«. ▫

G *In* der Heggesstraße, *auf* der Heggestraße, *an* der Heggestraße – wann verwendet man welche Präposition? Gibt es regionale Präferenzen? Bedeutungsunterschiede? Grammatische Restriktionen? Und wie vermittelt man dieses Wissen im fremdsprachlichen Deutschunterricht? Offensichtlich hängt es davon ab, mit welchem Verb die Ortsangabe kombiniert wird. So heißt es z. B. *Ich wohne in der Heggestraße* (und nicht: *auf der Heggestraße*), aber *Er lebt auf der Straße.* ⊡

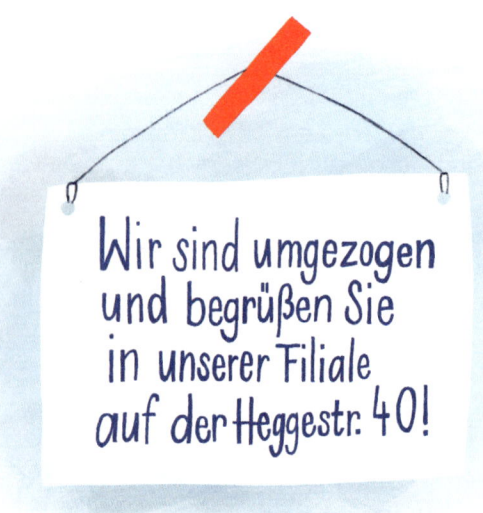

G *Tor freihalten. Tür schließen* – Aufforderungen können im Deutschen im **Infinitiv** stehen. Auf Schildern liest man das oft, man hört es aber auch, vgl. *Mund weit öffnen. Alle mal herhören.* Doch warum verwendet man nicht den Imperativ (z. B. *Schließen Sie die Tür!*)? Ein Grund mag sein: Der Infinitiv ist unpersönlicher, damit spricht man die Adressierten nicht direkt an. Denn das kann je nach Situation übergriffig wirken. ⊡

»TOR FREIHALTEN«

RS Auf dem Schild sehen wir ein Verb, das regulär aus einem Substantiv abgeleitet wurde. Auch die Schreibweise folgt den orthografischen Regeln des Deutschen, der Konsonantenbuchstabe wurde korrekt verdoppelt (vgl. auch *jobben*). Nur: ***instagrammen*** steht (noch) nicht im Duden. Dabei ist es so praktisch. ▫

G Am Eingang eines Restaurants steht: »Sie werden gesetzt.« Dabei handelt es sich um eine **Interferenz**, d. h. um die fehlerhafte Übernahme einer Konstruktion aus dem Englischen. Doch wo liegt der Fehler? Das Verb *setzen* lässt sich auch im Deutschen im Passiv verwenden, das ist also korrekt. Damit würde man aber assoziieren, dass man vom Personal auf den Stuhl gesetzt wird. Eine andere Formulierung wäre deshalb besser geeignet, z. B. *Wir führen Sie zu Ihrem Platz* oder *Wir zeigen Ihnen Ihren Tisch.* ▫

K *Ach, ist das schön! Ha, ist das schön!* Welche **Interjektion** würdet ihr verwenden? Im Atlas zur deutschen Alltagssprache steht, dass viele dieser Varianten an ein starkes Ausatmen erinnern und mit dem Vokal /a/ beginnen, für den die Zunge nicht gehoben werden muss. Wie praktisch! ▫

G Adjektive können als Attribut zu einem Substantiv (z. B. *Das rote Auto*) stehen, man kann sie aber auch prädikativ verwenden (z. B. *Das Auto ist rot*). Trifft das auch für das Adjektiv **jährig** zu, das in Kombination mit einer Ziffer stehen kann (z. B. *dreijährig*)? In der Schweiz ist das der Fall (vgl. *Das Kind ist dreijährig*). In Deutschland würde man hier wohl eher die Konstruktion *Das Kind ist drei Jahre alt* verwenden. Warum eigentlich nur diese? ▫

W Jedes Land hat zu/an Ostern seine (sprachlichen) Spezialitäten. So genießt man in Österreich eine Osterjause, also eine Zwischenmahlzeit mit süßem Weißbrot, Kren (= Meerrettich), Schinken, hart gekochten Eiern und anderen Leckereien. Und ist es nicht so: Das Wort **Jause** klingt viel sympathischer als *Zwischenmahlzeit*? Außerdem lässt sich damit ein Verb bilden: *jausnen*. ▫

G *Je länger, je dümmer*. Manchen mag diese Formulierung seltsam vorkommen. Im Variantenwörterbuch steht dazu, dass eine solche Konstruktion in der Schweiz und in Süddeutschland verwendet wird. Hier ein Beispielsatz, der aus einer Schweizer Zeitung stammt: »Doch indem wir Wissen outsourcen, statt es mühsam zu memorieren, werden wir je länger, je dümmer.« ▫

RS Es gibt Akronyme, deren Bedeutung man auch dann nicht versteht, wenn man weiß, für welche Wörter sie stehen. Bei dem Kürzel *SUP* (= Stand-up-Paddling) ist das sicher nicht der Fall, aber bei *jwd* (= janz weit draußen) oder **Jekami** (= Jeder kann mitmachen). Ein *Jekami-Abend* ist in der Schweiz eine Veranstaltung, an der sich alle aktiv beteiligen können, *jwd* meint in Norddeutschland einen Ort, der weit abgelegen ist. ◘

W Was ist der **Jö-Effekt**? Im Variantenwörterbuch liest man dazu: »psychologische Wirkung durch etwas Niedliches«. Dabei handelt es sich um ein schönes und so praktisches Schweizer Wort. Wie lässt sich das denn sonst sagen? Der *Ach-wie-süß-Effekt*? Das ist doch umständlich. ◘

> »Käuzchen mit Jö-Effekt —
> Der Steinkauz ist der Vogel des Jahres 2021«

W Im Atlas zur deutschen Alltagssprache finden sich interessante Beispiele für deutsche Phraseologismen. Was sagt man z. B., wenn man eine Meinung zurückweisen bzw. den anderen auffordern möchte, Vernunft anzunehmen? Und was sagt man wo? Hier eine Auswahl: *Ach komm. A geh. Ach geh. Komm. Ach was. Geh komm.* **Jo geh**. Unser Favorit: *Geh komm, das glaubst du doch selbst nicht!* ◘

K Man grüßt sich beim **Joggen**. Das ist eine Regel, der viele folgen. Doch wie handhabt man es, wenn man sich beim Joggen ein zweites Mal begegnet? Grüßt man dann nochmals? Oder lächelt man nur noch unmerklich? Oder verzieht man keine Miene mehr? Offensichtlich haben wir zur Beantwortung dieser Fragen noch keine »Kommunikette«. ◘

G Im Schweizerdeutschen fügt man bei einigen Verben ein *-l-* ein. So sagt man z. B. *sünnele* (= sich sonnen), *brätele* (= auf schwachem Feuer leicht braten) oder *ellbögele* (= sich vordrängen). Auch in Bezug auf Getränke ist dieses Wortbildungsmuster sehr beliebt. Meist geht damit einher, dass man es sich dabei gemütlich macht. Dazu ebenfalls einige Beispiele: ***käfele***, *schnäpsele*, *wyssele* (= Weißwein trinken). ▫

W Wie gerne würden wir heute in einem schönen Café in Basel (CH), Bregenz (A) oder Lörrach (D) sitzen und einen **Kaffee** bestellen – mit Rahm, Schlag oder Sahne. Aber so einfach liegen die Dinge nicht, auch nicht sprachlich. Wo gebraucht man welche Variante? Dazu steht im Variantenwörterbuch, dass das Wort *Rahm* bevorzugt in der Schweiz, *Schlag* (oder *Schlagobers*) in Österreich und *Sahne* in Deutschland verwendet wird. ▫

G Dass Personennamen als Basis für Wortbildungen dienen können, wissen wir (z. B. *Wilhelm Röntgen* ▶ *röntgen*). In der Regel werden daraus Verben abgeleitet. Hier nun ein Beispiel für ein Adjektiv, das auf einem bekannten Namen basiert: ***kafkaesk***. Damit wird zum Ausdruck gebracht, dass etwas beklemmend, seltsam, bedrohlich oder unheimlich ist. So lesen wir in einer Zeitung: »Die Situation nahm allmählich kafkaeske Züge an.« ▫

W In der Schweiz sieht man oft Kombinationen von Englisch und Schweizerdeutsch. Das ist auch bei der scherzhaften Frage *Smartphone. Kännsch?* der Fall. ***Kännsch?*** steht hier für ›Kennst du?‹ – analog bspw. zu *Hesch* (›Hast du‹)? oder *Weisch* (›Weißt du‹)? Nur: Was soll das bedeuten? Hier ein Vorschlag: ›Ich muss dir doch sicher nicht erklären, was ein Smartphone ist.‹ ▫

W Am 11.11. erwacht in Düsseldorf bekanntlich der Hoppeditz, die Karnevalsaison beginnt. Wie viele Varianten gibt es für diese »fünfte Jahreszeit«? Sammeln wir einmal: *Karneval*, *Fasnacht*, *Fastnacht*, *Fasnat*, *Fassenacht*, *Fasnet*, *Fasi*, *Fasching*, *Fastabend*, *Fastelovend*, *Fasteleer*. Alaaf! ▣

W Viele Kinder mögen *Kartoffelpüree*. Rund um dieses Wort gibt es im Deutschen nicht nur eine ganze Reihe von Dialektwörtern, auch in der Standardsprache variieren die Bezeichnungen. Hier eine Auswahl: *Kartoffelbrei*, *Erdäpfelpüree*, *Kartoffelpüree*, *Kartoffelstock*, *Kartoffelmus*, *Quetschkartoffeln*, *Stampfkartoffeln*. Guten Appetit! ▣

K

RS Gibt es im Gebrauch von Emojis Unterschiede im deutschsprachigen Raum? Versteht man ein Gesichtszeichen in Wien z. B. anders als in Berlin? Wir wissen es nicht. Aber eines ist sicher: Das **Käsefondue**-Emoji, das im Jahr 2020 in den Unicode-Zeichensatz aufgenommen wurde, wird in der Schweiz Karriere machen. ▣

G Nominativ, Genitiv, Dativ, Akkusativ – das sind die vier **Kasus** im Deutschen. Schon viele linguistische Arbeiten wurden dazu publiziert, es gibt aber auch schöne Kasusgedichte und flotte Kasussprüche. Hier ein Beispiel. ▣

> »Genitiv ins Wasser, weil es Dativ ist.«

G *Kein* ist aus semantischer Sicht nicht steigerbar. Und doch liest man gelegentlich *in keinster Weise*. Dieser Ausdruck hat schon formelhaften Charakter. Das sieht man daran, dass in dieser Konstruktion in der Regel kein anderes Substantiv auftritt (z. B. *in keinstem Fall*). ⊡

W Zu **Keks** steht im Variantenwörterbuch, dass hierfür in der Schweiz die Bezeichnungen *Biscuit* und *Guetsli*, in Deutschland *Plätzchen* bzw. *Brötle* oder *Guetsle* (in Südwestdeutschland) im Gebrauch seien. Weiter erfährt man, dass das Wort *Keks* nicht nur im Maskulinum, sondern in Österreich auch im Neutrum verwendet wird (*das Keks*). Und noch eine interessante Information: *Keks* leitet sich vom englischen *cakes* (Plural von *cake*) ab. ⊡

W Wie bestellt man eine Portion Pommes frites mit **Ketchup** und Mayonnaise? *Eine Pommes rot-weiß*? *Eine Schimanskischale*? *Eine Pommes Schranke*? *Eine Mantaplatte*? So sagt man auf jeden Fall im Ruhrgebiet. Doch halt, das ist nicht ganz korrekt: Zu einer Mantaplatte gehört immer auch eine Currywurst. ⊡

W An anderer Stelle haben wir schon darauf hingewiesen, dass es in der Schweiz viele dialektbasierte Straßennamen gibt. Ein Beispiel ist die *Chilestrasse*. Doch warum sollte das ein Dialektwort sein? *Chile* steht im Dialekt für ›**Kirche**‹. Mit dem Land hat das nichts zu tun, die Aussprache ist nicht dieselbe. Das muss man wissen, wenn man nach dem Weg fragt. Wer das Wort falsch artikuliert, wird nicht verstanden. ▣

W Für das Verb *sich **kloppen*** haben wir im Deutschen einige Varianten. Im Atlas zur deutschen Alltagssprache werden die folgenden genannt: *sich raufen*, *sich schlagen/schlägern*, *sich prügeln*, *sich hauen*, *sich dreschen*, *sich balgen*. Allerdings handelt es sich dabei nicht durchweg um Synonyme. Zwischen *sich balgen* und *sich prügeln* besteht beispielsweise ein großer Unterschied. Wenn Kinder *sich balgen*, wird man vermutlich nichts dagegen haben. Aber wie ist es, wenn sie *sich prügeln*? ▣

K

G Kennt ihr das Wort ***klüngeln***? Wir dachten, es sei nur im Rheinland gebräuchlich, aber wie eine Zeitungsrecherche zeigt, stimmt das nicht. Das gilt auch für die »rheinische Verlaufsform« (z. B. *Er ist am Singen*), die man keineswegs nur im Rheinland kennt. Verwendet wird sie im gesamten deutschsprachigen Raum – und dies nicht nur in der gesprochenen Sprache. ▣

W Wer bekommt schon gerne ein **Knöllchen**? So sympathisch das Wort klingen mag: Einen Strafzettel möchte man nicht unter dem Scheibenwischer vorfinden. Doch wo spricht man überhaupt von *Knöllchen*? Dazu steht im Atlas zur deutschen Alltagssprache: »Die eher saloppe Bezeichnung *Knöllchen* teilt Deutschland in eine Nordhälfte, wo *Knöllchen* sich überall etabliert hat, und eine Südhälfte, wo *Knöllchen* nur ganz vereinzelt oder [...] gar nicht erscheint.« Im Süden sind andere Bezeichnungen gebräuchlich, so z. B. *Buße* (bzw. in Schweizer Orthografie: *Busse*) oder *Strafmandat*. ⊡

W Kennt ihr das Adjektiv **knorke**? Wir fragen uns, ob dieses noch im Gebrauch ist. Im *Digitalen Wörterbuch der deutschen Sprache* (DWDS) steht dazu: Das Adjektiv »erscheint etwa 1916 in Berlin und gewinnt Mitte der 20er Jahre an Verbreitung. Herkunft ist ungeklärt.« Auch ein Beispiel wird gegeben: *Unser Lehrer ist knorke* (= fabelhaft). Die Frequenz des Wortes kann man sich in einer Wortverlaufskurve anzeigen lassen. Diese zeigt: Seit den 1970er-Jahren ist die Karriere von *knorke* vorbei. ⊡

G Das Verb **knöttern** (= herummäkeln) in dem Satz *Tu ma nich knöttern* ist ein Beispiel für lexikalische Variation. Uns interessiert hier aber nicht die Wortwahl, sondern die Grammatik, also die Konstruktion [*tun* + Vollverb]. Wozu diese Umschreibung? Mehr dazu findet man in der Variantengrammatik unter dem Stichwort »*tun*-Fügungen«. Hier steht, dass Konstruktionen vom Typus *er tut lesen* zur Hervorhebung von dem dienen, was mit dem Vollverb (z. B. *lesen*, *knöttern*) ausgedrückt wird. ⊡

G *Brunch* und *Smog* – das sind bekannte **Kofferwörter**. Daneben gibt es weniger bekannte Kreationen, z. B. *Kurlaub*, *Stautobahn* oder *Neurosenkavalier*. Auch hier wurden zwei Substantive zusammengefügt. Bei *Tutgutschein* ist das anders, dieses Wort besteht aus drei Teilen. Eine interessante Kombination! ⊡

»Unser Dankeschön für Abonnenten: Tutgutscheine.«

G »Ich werde niemals heiraten wir in der Kirche?« – Mit solchen »Wendesätzen« warb eine Schweizer Lebensversicherung. Im Folgenden sehen wir ein ähnliches Beispiel aus Deutschland. In der Linguistik spricht man diesbezüglich von Apokoinu-Konstruktionen. *2 Euro* ist in dieser Konstruktion das **Koinon**, also das Scharnierelement, das zwei (je für sich unvollständige) Sätze verbindet ▣

»Einmal Pommes kosten 2 Euro bringen mich weg von der Straße.«

K *Hallo zusammen! Hallo allerseits! Grüezi mitenand! Grüß euch! Hoi zäme!* – Seit wir alle Abstand halten müssen, hört man oft einen solchen **Kollektivgruß**. Doch welche Formulierung wird hierfür wo gewählt? In der Schweiz verwendet man *Hoi zäme* z. B. nur für Personengruppen, die man duzt, *Grüezi mitenand* dagegen für eine Sie-Runde. ▣

G **Kollokationen** sind feste Wortverbindungen. Im Deutschen gehört dazu die Wortgruppe *die Zähne putzen* (und nicht *Zähne waschen*). Manche Verbindungen sind zeitlos, andere kommen und gehen. Hier einige solche »Trendsetter«: *Da bin ich ganz bei Ihnen. Das diskutieren wir auf Augenhöhe. Nichts für ungut.* ▣

RS *Er, kommt nicht.* Niemand würde in diesem Satz zwischen Subjekt und Prädikat ein **Komma** setzen. Und doch gibt es Konstellationen, wo dies die Regel ist, und zwar dann, wenn das Subjekt selbst satzwertig ist, also ein Prädikat (wie z. B. *trinkt*) enthält, vgl. *Wer trinkt, fährt nicht.* Man merke sich also: Nur wenn das Subjekt ein Satzäquivalent ist, steht ein Komma. Und das gilt auch auf der Autobahn. ▣

RS Die Kommasetzung bildet bekanntlich die interne Struktur des Satzes ab. Auch die Bedeutung kann durch ein **Komma** verändert werden. Verdeutlicht wird dies meist an Sätzchen wie *Wir essen(,) Opa.* Wir bevorzugen an dieser Stelle ein weniger konstruiertes Beispiel: *Peter, mein Freund(,) und ich sind in Rom.* ▣

W Es gibt viele Kopfwörter im Deutschen, z. B. *Uni*, *Deko*, *Info*, *Abi*, *Disko*, *Reha*, *Promi*, **Konfi**, *Gymi*. Einige werden im ganzen deutschsprachigen Raum verwendet, andere nur in bestimmten Regionen. Wieder andere haben je nach Region eine andere Bedeutung. So steht *Konfi* entweder für *Konfitüre*, für *Konfirmation* oder für *Konferenz*. Und das ist doch ein erheblicher Unterschied. ▣

G *Pizza – Pizze/Pizzen/Pizzas*; **Konto** *– Konti/Konten/Kontos.* Bei Fremdwörtern aus dem Italienischen wird der Plural übernommen oder er wird angepasst. Und dann wiederum scheint es oft zwei Möglichkeiten zu geben. Allerdings sind, wie die folgende Karte aus der Variantengrammatik zeigt, für den Plural von *Konto* nur die Wörter *Konti* und *Konten* im Gebrauch. ▣

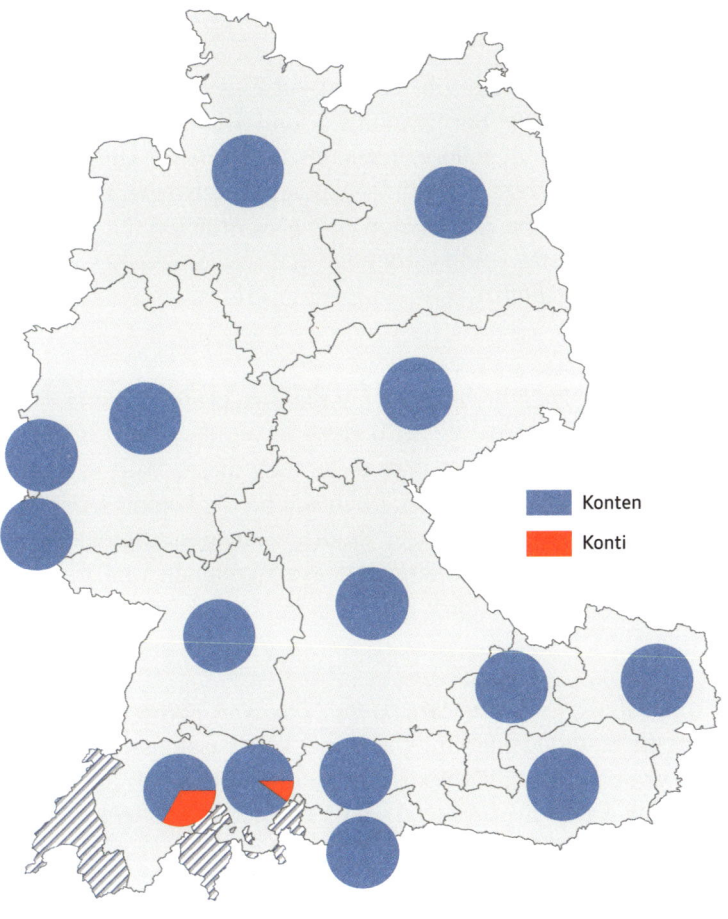

Konten
Konti

K

RS Es gibt Verkehrsschilder, die nur mit Piktogrammen auskommen, andere stehen mit Text (z. B. *STOP*) und wieder andere kombinieren beides. Hier sehen wir ein solches Beispiel, ein K+R-Schild. Doch verstehen alle, was mit **K+R** (= *Kiss + Ride*) gemeint ist? Wie gut, dass es noch eine Erklärung dazu gibt: »Bring-/Abholzone«. ▫

W Für das Verb *arbeiten* gibt es im Deutschen besonders viele umgangssprachliche Bezeichnungen und Dialektwörter. Hier eine kleine Auswahl: *malochen, schaffen, **krampfen**, schuften, hackeln, buckeln, rackern*. Allerdings handelt es sich dabei nur teilweise um Synonyme. Bei einigen ist dieses Arbeiten mit großer körperlicher Anstrengung verbunden (z. B. *malochen*), bei anderen nicht (z. B. *schaffen*). ▫

W Beim Frühstück fällt der Blick auf die Knäckebrotpackung. Da steht »kross gebacken«. Wo wird **kross** verwendet, wo nicht? Im Variantenwörterbuch liest man dazu, dass dieses Wort v. a. in Deutschland im Gebrauch sei. Doch wie häufig kommt *kross* in der Alltagssprache vor? Unser Eindruck ist, dass dieses Wort meist nur im Zusammenhang mit Produktnamen und in der Werbung verwendet wird. ▫

G *Kulturschock, Esskultur, Streitkultur*. Das Wort **Kultur** erscheint häufig als Erstglied oder Endglied einer Wortzusammensetzung. So ist es auch in dem Kompositum *Kulturtasche*. Doch steckt da überhaupt *Kultur* drin? ☺ Und wie nennt man die *Tasche* noch? Hier eine kleine Auswahl: *Waschbeutel, Necessaire, Toilettentasche, Kulturbeutel*. ▫

Die meisten Verben stehen im Deutschen mit Akkusativ (z. B. *grüßen*), es gibt aber auch Dativverben (z. B. *helfen*) und einige wenige Genitivverben (z. B. *gedenken*) – und es gibt Verben, bei denen der Kasus variiert. Das ist bei ***kündigen*** der Fall. So lesen wir in einer österreichischen Zeitung: »Wenn ich bei dem Termin keinen Erfolg habe, dann kündigt mich mein Chef.« Und in einer deutschen Zeitung steht: »Ihm ist nach der Tat vom 29. Dezember nicht gekündigt worden.« Die folgende Karte zeigt, wo welche Kombination im Gebrauch ist. ▫

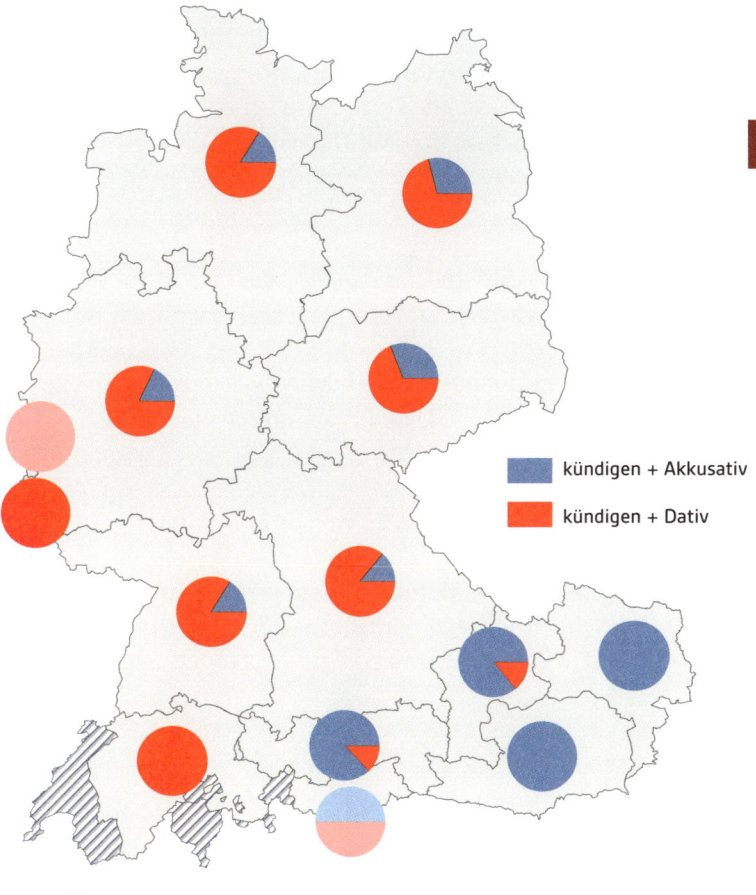

kündigen + Akkusativ

kündigen + Dativ

G *Lädele* wird im Schwäbischen als Verkleinerungsform zum Substantiv *Laden* gebraucht. Im Schweizerdeutschen verwendet man den Ausdruck auch als Verb: Man geht *lädele*. Wie könnte man dies anders sagen, wenn man nicht von *shoppen* sprechen will? *Einen Einkaufsbummel machen? In Geschäften stöbern?* Das ist doch so umständlich! ▫

W Dass in standardsprachlichen Texten gelegentlich Dialektausdrücke vorkommen, ist wenig überraschend. Damit soll z. B. Nähe hergestellt oder dem Text etwas Lokalkolorit beigegeben werden. Das ist auch in folgendem Zeitungsartikel der Fall. Ein Satz beginnt hier mit der Formulierung: »Immer wenn wir ein wenig Lämpen haben, ...« Das Dialektwort **Lämpe** steht in der Schweiz für ›Streit‹. ▫

W Der **Landesphysikus** und das *Kappile* – das sind Wörter, die v. a. in Liechtenstein gebräuchlich sind. Was mögen sie wohl bedeuten? Ein *Landesphysikus* wird anderswo als *Amtsarzt* bezeichnet, zu *Kappile* lesen wir im Variantenwörterbuch: »Holz- oder Steinpfeiler mit Kruzifix oder Heiligenbild [zur Erinnerung an ein Unglück]«. ▫

W *Jetzt* **langts** oder *Jetzt reichts*? Welche Formulierung verwendet ihr? Im Atlas zur deutschen Alltagssprache steht dazu: »Nördlich des Mains und in Österreich (außer in Vorarlberg) wird nahezu ausschließlich *Jetzt reichts mir aber!* gemeldet. Südlich des Mains und in der Schweiz überwiegt *Jetzt langts mir aber!*« ▫

W Hier sehen wir eine atemberaubende Kombination von Englisch (*Yes, we can!*) und Schweizerdeutsch (*Hüt hole – morn* *bringe; liefere statt lavere*). Wer Mühe hat, Letzteres zu verstehen: **lavere** meint so viel wie ›schwätzen‹, ›reden‹. ▫

W *Die Milch ist **leer** / Die Milch ist alle / Die Milch ist aus*: Wie sagt man wo? Dazu steht im Atlas zur deutschen Alltagssprache: »Bei *Die Milch ist …* geben die Informanten nördlich des Mains fast einhellig *alle* an, und auch im Süden Deutschlands, vor allem im Südwesten, ist *alle* in diesem Kontext nicht ungebräuchlich.« Andere Bezeichnungen hierfür sind *Die Milch ist fertig/gar* oder *Es hat keine Milch mehr.* ▫

G Unter Valenz versteht man, dass Wörter in ihrer Umgebung **Leerstellen** vorsehen, die durch andere sprachliche Elemente besetzt werden. Eine dieser Leerstellen ist das Subjekt. Oft steht im Subjekt das Element, das die Tätigkeit ausübt. Nur: Ob die Fische das auch tun? ▫

W Habt ihr schon einmal ein Knöllchen / einen Strafzettel / eine Busse (Schweizer Orthografie) bekommen? Das Tempolimit / Die Tempolimite nicht eingehalten? Die Vorfahrt / Den Vortritt genommen? Die Ampel / Das **Lichtsignal** übersehen? Einem anderen Fahrer/Lenker den Vogel gezeigt? Das wollen wir nicht hoffen. ▫

G Das Wort *liken* steht schon auf duden.de; auch zu seiner Konjugation finden sich einige Hinweise. Wie schreibt man das Verb z. B. in der 3. Person Singular? Dazu erfährt man: »Wie andere aus dem Englischen entlehnte Verben (*checken, scannen, faken, sharen*) wird auch *liken* regelmäßig konjugiert, folgt also der schwachen Konjugation: *ich like, du likst, er likt* etc.« ▫

W *Lockdown* oder *Shutdown*? Wie lautet die korrekte Bezeichnung für das, was wir in der Pandemie mehrfach erlebt haben? Von einem *Lockdown* spricht man streng genommen nur dann, wenn damit eine Ausgangssperre verbunden ist. Das ist bei einem *Shutdown* nicht der Fall. Ist ein *Shutdown* also ein *Lockdown light*? ▫

G Der folgende Satz stellt uns aus **logischer** Sicht vor ein Rätsel: Ist er korrekt? Oder muss das Wörtchen *nicht* gestrichen werden? Eine Umfrage auf Twitter hat ergeben, dass von 149 Personen 59,7 % das Wort streichen würden, 40,3 % würden das nicht tun. Eine Begründung für das Streichen war, dass es sich ansonsten um eine doppelte Verneinung handeln würde, die zu interpretieren sei als ›Kaufen Sie eine Küche, bevor Sie bei uns waren‹ – und das sei sicher nicht gemeint. Stimmt. ▫

»Kaufen Sie keine Küche, bevor Sie nicht bei uns waren!«

RS *3-Tonner, 8-Zylinder, 4-silbig.* Ziffern können als **Logogramme** in Komposita stehen; diese Schreibung ist korrekt. Doch wie sieht es im Beispiel *8-ung Videoüberwacht* aus? Im ersten Wort finden sich gleich zwei Fehler: *Achtung* ist kein Kompositum. Aber wenn es schon so geschrieben wird, dann müsste es *8-ung* heißen, nicht *8-tung.* ▫

W Im Frühling blühen die Blumen – so auch der **Löwenzahn**. Welche Dialektwörter verwendet man dafür? In der Schweiz spricht man z. B. von *Soisteck* (im Berndeutschen) oder *Chrotepösche* (im Zürichdeutschen), in Deutschland von *Ochsebluem* (im Sauerland), *Brunsblume* (im Badischen) oder *Beetsecher* (im Pfälzischen). In diese Richtung geht auch das Wort *Pissblumm* (im Luxemburgischen). ▫

W Man möchte jemandem etwas zeigen. Wie macht man sie/ihn darauf aufmerksam? Im Atlas zur deutschen Alltagssprache finden sich verschiedene Varianten, die im Deutschen gebräuchlich sind. Hier eine kleine Auswahl: *Kuck! Guck! Schau mal!* **Lueg***!* Das Verb *luege* ist in der Schweiz gebräuchlich. Jedes Schulkind kennt aus dem Verkehrsunterricht den Spruch: *Warte, luege* (schauen), *lose* (hinhören), *laufe!* ▫

K Was sagt man, wenn man anderen einen guten Appetit wünschen möchte? Im Atlas zur deutschen Alltagssprache steht dazu: »Im Norden und in der Mitte Deutschlands sowie in Ostbelgien und Luxemburg sagt man *Guten Appetit!*. [...] Der Wunsch *Einen Guten!* [...] ist im Süden Deutschlands, im Elsass, in Lothringen, in der Deutschschweiz, in Liechtenstein und in Vorarlberg üblich. [...] In Österreich (außer Vorarlberg) und Südtirol wünscht man sich **Mahlzeit***!*« ▫

W »Für Personen, die sehr wählerisch sind, wenn es ums Essen geht, gibt es sehr viele Bezeichnungen – geradezu ein Feuerwerk an Varianten.« So steht es im Atlas zur deutschen Alltagssprache. Insgesamt werden hier 20 Varianten angeführt, z. B. **mäkelig**, *heikel*, *schleckig*, *pingelig*, *wählerisch* und *verschnuppt*. Ergänzen wir diese um Ausdrücke aus anderen Sprachen: *pointilleux* sagt man im Französischen und *schizzinoso* im Italienischen. ▫

W *Marilleler*, *ajournieren*, *ANAS*, *angereift*. Im Variantenwörterbuch werden einige Wörter genannt, die nur in Südtirol im Gebrauch sind. Und was bedeuten diese? Ein *Marilleler* ist ein Aprikosenschnaps, *ajournieren* bedeutet ›auf den neuesten Stand bringen‹, das Akronym *ANAS* steht für *Azienda Nazionale*

Autonoma delle Strade (= Straßenmeisterei) und *angereift* für
›Beitragsjahre für die Pension angesammelt haben‹. ▫

G Nun zu den regionalen Unterschieden im Gebrauch der Präpositionen *am* und *auf*. Wo sagt man *auf dem **Markt***, wo heißt es
am Markt? Dazu eine Karte aus der Variantengrammatik. Diese
zeigt, dass in Österreich mehrheitlich die Variante *am Markt*
verwendet wird, im übrigen deutschsprachigen Raum ist *auf dem
Markt* die üblichere Variante. ▫

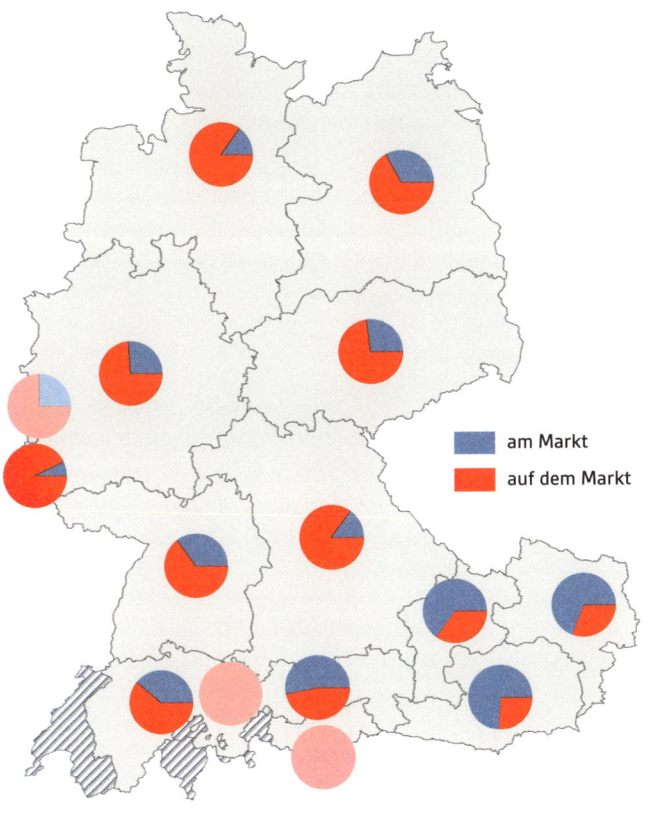

am Markt
auf dem Markt

G Eine Person, die eine Maske trägt, ist ***maskiert***. In welchen Kontexten verwendet man dieses Adjektiv? An Karneval ist man *maskiert*, ein Bankräuber ist *maskiert*, aber warum kann man nicht sagen *In Bus und Bahn sind wir alle maskiert* oder *Bitte nur maskiert eintreten*? Weil das Wort die Konnotation auslöst, dass man seine Identität verbergen möchte. Und darum geht es in Coronazeiten nicht. Wer eine Maske trägt, will sich und andere schützen. ▣

G Zurzeit ist viel davon die Rede, dass ***Maßnahmen*** beschlossen werden. So schreibt die österreichische Kronenzeitung: »Nach den Schritten der Bundesregierung will auch der Landeshauptmann spezielle Maßnahmen setzen.« Vielleicht mag es erstaunen, dass hier das Verb *setzen* verwendet wird. In der Variantengrammatik steht dazu: »In Österreich und Südtirol ist *Maßnahmen setzen* die mehrheitlich verwendete Variante, selten kommt auch *Maßnahmen treffen* vor. Dahingegen wird in Deutschland und der Schweiz fast ausnahmslos die Variante *Maßnahmen treffen* verwendet.« ▣

G *Niegelnagelneu, mucksmäuschenstill, mutterseelenallein, stockfinster, pechschwarz.* Im Deutschen kann die Bedeutung eines Adjektivs durch ein Wort verstärkt werden, das diesem vorangestellt wird. Das ist auch bei ***mausbeinallein*** der Fall – hier ein Fundstück aus einer Schweizer Zeitung. ▣

»*Schlaflos im Museum:
Unser Autor verbrachte eine Nacht im Museum –*
mausbeinallein.«

W Den folgenden Witz versteht man nur, wenn man weiß, dass das Wort *Mäuse* im Deutschen für ›Geld/Euro‹ steht. Im deutschsprachigen Raum wissen das die meisten (zumindest aus Kriminalfilmen), aber wer würde das Wort in dieser Bedeutung auch selbst verwenden? Wir vermuten, dass die Zahl gegen null geht. ▫

W Wo gebraucht man das Wort *Mèche* und was bedeutet es? Auf duden.de liest man zu *Mèche/Mesche*, dieses Wort sei österreichisch und bedeute ›blondierte, getönte oder gefärbte Haarsträhne‹. Doch kennt man das Wort nur in Österreich? Auch in der Schweiz ist dieser Ausdruck im Gebrauch. So titelte der Zürcher Tages-Anzeiger nach dem Ende des ersten Coronashutdowns: »Endlich Geranien, endlich Mèche«. ▫

G *Dürfen, können, müssen, sollen, mögen, wollen* – das sind **Modalverben**. Wo liegt der Bedeutungsunterschied? In *Kaffee kann.* versus *Maske muss.* bezeichnet *können* eine Möglichkeit, *müssen* eine Notwendigkeit. Nur: von was? Das erschließt sich allein aus dem (Bild-)Kontext. ▫

K **Moin**! *Moin* ist ein weit verbreiteter Gruß, der zu jeder Tages- und Nachtzeit verwendet werden kann. Besonders beliebt ist dieser Gruß in Norddeutschland, mittlerweile dringt er aber immer weiter in den Süden vor. Doch wo liegt der Unterschied zu *Moinmoin*? Dazu schreibt jemand auf Twitter: »Moin im Emsland. Den ganzen Tag lang. Moinmoin nur von Zugezogenen.« Und ein anderer stellt fest: ▫

»Es heißt moin. Moinmoin ist schon Gesabbel.«

G *Das* **Monat** oder *der Monat*? So eindeutig ist die Antwort nicht, beides kommt vor. In der Variantengrammatik steht dazu: »Zwar ist auch in Österreich die Variante *der Monat* mehrheitlich im Gebrauch, daneben kommt hier aber auch die Variante *das Monat* vor. Insbesondere im Osten von Österreich ist diese Variante gebräuchlich: *Letzteres Unternehmen lancierte sein neues 15-Euro-Handy, dessen Akku ein Monat lang halten soll.* (Wiener Zeitung)« ▫

W Im Schweizerdeutschen gibt es verschiedene Wörter für *Frühstück*, z. B. *Zmorge* und **Morgenessen**. Diese werden häufig auch in standardsprachlichen Texten verwendet. So hat Dürrenmatt in seiner Komödie »Romulus der Große« die folgende Szene eingefügt, weil sich ein Schauspieler über das Wort *Morgenessen* amüsierte: Romulus spricht vom »Morgenessen«, sein Diener korrigiert, es heiße »Frühstück«. Romulus besteht auf *Morgenessen* und kommentiert dies mit folgenden Worten: »Was in meinem Hause klassisches Latein ist, bestimme ich.« ▫

RS »How to make the perfect bircher muesli« – so steht es in einer englischen Zeitung. Das Wort *Müsli* liest man auch am Eingang eines Bioladens in Freiburg/Br. Nur müsste man es schweizerisch eigentlich **Müesli** schreiben, *Müsli* bedeutet etwas anderes (= kleine Maus). Müsste für *Müesli* im Englischen also nicht das Wort *mueesli* stehen? ▫

M

W Wie nennt man den Behälter, der auf dem Bild zu sehen ist? Regional sind dafür verschiedene Bezeichnungen im Gebrauch: *Abfalleimer, Abfallkübel, Kehrichteimer, Schmutzkorb,* **Müllkübel**, *Mistkorb, Mistkübel.* Und wie heißt das, was man hineinwirft? *Abfall? Kehricht? Schmutz? Müll? Mist?* Letzteres klingt seltsam. ▫

KOMMT ZEIT, KOMMT UNRAT

G | Im folgenden Werbetext wird **Mündlichkeit** inszeniert: Das Verb steht ohne die Personalendung (*fahr*), die Präposition wurde mit dem Artikel verschmolzen (*fürs*). Das sind typische Merkmale des gesprochenen Deutsch. ▫

»Ich fahr Bahn fürs Klima.«

RS | Auch am Fahrkartenautomaten lesen wir einen Text in inszenierter **Mündlichkeit**. Unterstützt wird dieser Eindruck durch die Apostrophsetzung. Dazu steht im Amtlichen Regelwerk zur deutschen Rechtschreibung: »Man kann den Apostroph setzen, wenn Wörter gesprochener Sprache mit Auslassungen bei schriftlicher Wiedergabe undurchsichtig sind.« ▫

»Moin!
Wo darf's denn hingeh'n?«

W | Der nächste Winter kommt bestimmt! Dann ist es ratsam, dass man draußen eine **Mütze** trägt. Oder eine *Kappe*? Eine *Haube*? Im Atlas zur deutschen Alltagssprache steht dazu: »Im größten Teil Österreichs heißt die gestrickte Kopfbedeckung [...] *Haube*, in Altbayern konkurriert dieses Wort mit *Mütze*.« ▫

K | Wie begrüßt man sich in Pandemiezeiten? Und wie nennt man diese Grußformeln? Hier einige Vorschläge: Man tauscht einen *Ellbogengruß*. Oder man entscheidet sich für den Fußkontakt. Scherzhaft nennen dies manche den *Wuhanshake*. Da ziehen wir den **Namastegruß** vor (vor dem Herzen zusammengelegte Hände, leicht vorgebeugter Kopf). ▫

W Wer *Beat* heißt, kommt vermutlich aus der Schweiz, bei *Karl-Heinz* ist das eher nicht der Fall. Beliebt sind in der Schweiz auch **Namen** auf *-i* (z. B. *Ursi*, *Rösi*, *Rudi*, *Dani*). Eine Geschlechtszuordnung ist dabei nicht immer möglich. *Dani* kann z. B. ein *Daniel* oder eine *Daniela* sein. ▫

G Die Präposition ***neben*** regiert nur einen Kasus, den Dativ (vgl. *neben dem Zaun*). Variation gibt es hier nicht. Aber *neben* selbst hat eine Variante: *nebst* (in der Bedeutung von ›zusammen mit‹): Diese Wortform ist v. a. in der Schweiz und in Liechtenstein im Gebrauch (vgl. *nebst seinen Kindern*). ▫

G Wie beurteilt ihr den Satz »Ich bin froh, ist nichts passiert«? Viele erwarten hier einen **Nebensatz**, der mit der Konjunktion *dass* angeschlossen wird (*Ich bin froh, dass nichts passiert ist*). Doch es geht auch anders, in der Schweiz ist diese Satzkonstruktion vollkommen unauffällig – aber nur, wenn der Hauptsatz eine Wertung enthält (z. B. *Ich bin froh* oder *Wie gut*) und das Verb im Nebensatz vorangestellt wird (*ist nichts passiert*). ▫

N

G Supermarktketten aus Deutschland geben sich in der Schweiz natürlich schweiznah. Und was bietet sich da mehr an, als einen **Neujahrswunsch** so zu formulieren, dass er allen aus dem Herzen (bzw. aus dem Munde) spricht? So liest man in einer Werbeanzeige: »Es guets Neus!« Hier stellt sich allerdings die Frage, ob dies die passende Dialektschreibung ist. Auf jeden Fall gibt es Alternativen, z. B. *Es guets Nöis!* ▫

G Auf einer Hauswand lesen wir: »Keine Macht für niemand!« Ergänzt wurde dieses Graffiti durch folgenden Kommentar: »Auch nicht für den Akkusativ.« Und so ist es in der Tat: Der Akkusativ *niemanden* hat im Deutschen nicht die Macht, die endungslose Variante ***niemand*** ist ebenfalls korrekt. ▫

G *Das bedeutet ein großer Verlust.* Was fällt an diesem Satz auf? Anstelle des Akkusativs *einen großen Verlust* steht hier der **Nominativ** *ein großer Verlust*. Nicht nur in Zeitungen liest man gelegentlich solche Konstruktionen. Meist sind sie unauffällig. Das hängt damit zusammen, dass *bedeuten* oft in Analogie zu *sein* verwendet wird. Und in Kombination mit *sein* müsste der Nominativ stehen. Dasselbe gilt für das Verb *darstellen*. Auch hier passiert es schnell, dass anstelle des Akkusativs der Nominativ verwendet wird (vgl. *Das stellt ein großer Verlust dar*). ▫

W Im Variantenwörterbuch steht, dass das Wort *Vogelesalat* bevorzugt in Südtirol gebraucht wird, *Rapunzel* und *Vogerlsalat* in Österreich, *Nüsslisalat* und ***Nüssler*** in der Schweiz und *Ackersalat* in Südwestdeutschland. Doch um welche Salatsorte handelt es sich dabei? Hier eine weitere Bezeichnung, die den meisten vermutlich geläufig ist: *Feldsalat*. ▫

G **Objekte** sind Ergänzungen zum Verb. Sie können in drei Kasus stehen (Akkusativ, Dativ, Genitiv), nicht aber im Nominativ. Doch genau das ist im Folgenden der Fall: *ein modernerer Schleifroboter* ist das Objekt zum Verb *finden*, erscheint aber im Nominativ. Wie konnte das passieren? Hatte man eine andere Konstruktion geplant und dann vergessen, den Kasus anzupassen? ▣

> *»Wenn Sie in der Region ein modernerer Schleifroboter finden, machen wir Ihnen den Skiservice gratis!«*

[G] Adjektive sind in der Regel steigerbar (vgl. *kalt – kälter – am kältesten*), Adverbien sind es nicht (vgl. *sehr – sehrer – am sehrsten*). Wie aber sieht es mit dem Adverb **oft** *– öfter – am öftesten* aus? In der Variantengrammatik gibt es dazu einen interessanten Artikel. Verglichen wird hier das Vorkommen von *am öftesten* mit der Steigerung des Adjektivs *häufig*. ▣

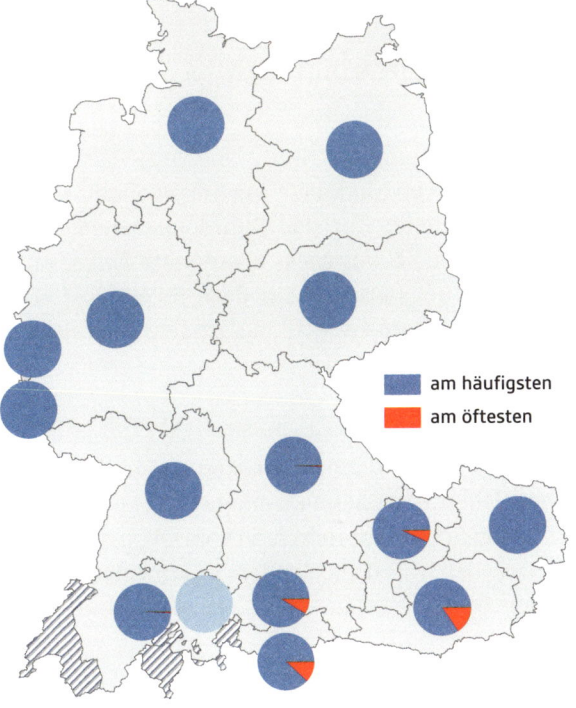

am häufigsten
am öftesten

RS *Ohne Weiteres, ohne weiteres, ohne Weiters, ohne weiters* oder *ohneweiters*. Welche Schreibweisen sind korrekt? Dazu gibt das Amtliche Regelwerk zur deutschen Rechtschreibung Auskunft: Die ersten beiden Varianten sind zulässig. Daneben gibt es aber noch eine weitere Option. Diese ist auf duden.de als österreichisch markiert: **ohneweiters**. ⊡

W Auf einem Wahlplakat lesen wir: »Wegen der Wirtschaft warat's, oida!«. Will man diesen Satz verstehen, braucht man einiges Vorwissen. Was bedeutet z. B. das Wort **oida**? Dieser Ausdruck ist multifunktional. Mit anderen Worten: Er ist nicht mehr nur jugendsprachlich (= *Alder*), sondern wird in Österreich als Füllwort in ganz verschiedenen Kontexten verwendet. ⊡

»Wegen der Wirtschaft warat's, oida!«

W Welches sind typische Merkmale des gesprochenen Deutsch? Hier einige Kennzeichen für das Ruhrdeutsche: **Omma** statt *Oma*, *Schätzeken* statt *Schätzchen*, *hasse* statt *haste*, *wat* statt *was*. In einem Zeitungsartikel steht dazu Folgendes: »Die Region, Menschen und Sprache – all das ist sehr vielfältig, facettenreich.« Wie wahr! ⊡

RS Im deutschsprachigen Raum existieren verschiedene Kürzel für den öffentlichen Personennahverkehr: In Deutschland sagt man **ÖPNV**, in der Schweiz spricht man vom *ÖV*, in Österreich ist es der *Öffi*. Natürlich wären auch andere Kurzformen möglich, so z. B. *Ö-Verkehr* oder *Övi* (statt *Öffi*). Doch diese sind uns noch nicht begegnet. ⊡

W Bekanntlich sind im EU-Protokoll von 1994 über die »Verwendung spezifisch **österreichischer** Ausdrücke der deutschen Sprache« 23 Wörter gelistet. Dabei handelt es sich durchweg um Lebensmittel. Hier einige Beispiele: ▫

G Sagt man *die* **Packerl** oder *die Packerln*? Im Plural kommen beide Varianten vor. Und nicht nur das: Das Wort selbst ist eine Variante, es wird bevorzugt in Österreich (anstelle von *Päckchen* oder *Päckli*) verwendet. ▫

W *Fleischlaibchen*, *Faschiertes*, *Kaiserschmarren* – einige Wörter aus der österreichischen Küche kennt man oder man kann ihre Bedeutung herleiten. Nicht so bei **Palatschinken**. Hier muss man wissen, dass es sich dabei um einen (meist gefüllten) Pfannkuchen handelt. Das Wort ist über das ungarische *palacsinta* und das tschechische *palačinka* in die deutsche Sprache gekommen. ▫

RS Was haben die Ausdrücke *12.02.2021* und *Erika feuert nur untreue Fakire* gemeinsam? In beiden Fällen handelt es sich um **Palindrome**. Ersteres ist ein Zahlenpalindrom, Letzteres ein

Satzpalindrom. Bleiben wir bei den Satzpalindromen, d. h. den Buchstabensequenzen. Hier noch Beispiele für französische und englische Palindrome: *Tu l'as trop écrasé, César, ce port-salut. – Was it a car or a cat I saw? – Never a foot too far, even.* ▣

G Hier sehen wir das Ergebnis einer Zürcher Umfrage zum Gebrauch des Wortes **Pärke**. Uns hat erstaunt, dass so viele der Meinung waren, man solle *Pärke* als Fehler anstreichen, obwohl diese Pluralbildung in der Schweiz standardsprachlich ist. Das liegt vermutlich daran, dass viele meinen, das deutsche Deutsch habe als die Leitvarietät zu gelten. Doch warum sollte das so sein?

ERGEBNIS DER UMFRAGE:

Im Winter schliessen die Pärke schon um fünf Uhr.

Eine Lehrperson sollte bei dem Wort „Pärke"

...nichts korrigieren

...eine alternative Formulierung vorschlagen

...einen Fehler anstreichen

G Im Deutschen gibt es viele Füllwörter (= **Partikeln**). Diese sind für Fremdsprachige meist schwer zu lernen. Wie erklärt man z. B. den Unterschied zwischen Es ist *halt/eben/wohl/doch/eh* so? Dazu kommen regionale Varianten. Im Atlas zur deutschen Alltagssprache steht dazu, dass die meisten den Satz *Gib auf, es nützt … nichts!* mit *eh* ergänzen würden, dass aber in der Schweiz und in Norddeutschland auch die Variante *sowieso* verwendet wird. ▣

W Wo liegt der Unterschied zwischen **Passt** und *Passt schon* und wo verwendet man diese Formeln? In Österreich sind die Ausdrücke sehr populär. Beides kann so viel bedeuten wie ›Das ist schon in Ordnung so‹. Das Wörtchen *passt* kann aber auch schlicht eine Antwortfloskel sein. In dieser Funktion ist es vergleichbar mit dem omnipräsenten Wörtchen *okay*. ▫

G Der *Pensionär*, der *Pensionierte*, der **Pensionist**. Das sind drei Wörter, die ohne Bedeutungsunterschied nebeneinanderstehen. Wo wird welche Variante bevorzugt gebraucht? Darüber informiert die folgende Karte in der Variantengrammatik. Doch worin besteht der Unterschied zwischen diesen Ausdrücken und der Bezeichnung *Rentner*? Unsere Antwort darauf: Erstere waren im Staatsdienst tätig, Letztere nicht. ▫

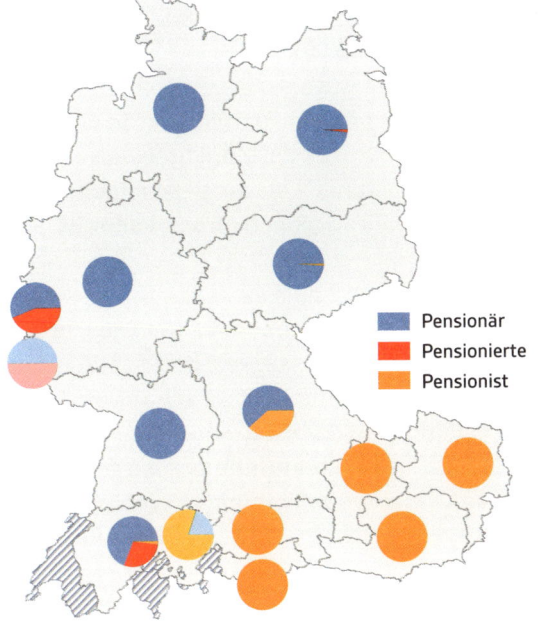

Pensionär
Pensionierte
Pensionist

W Peperoni, **Pfanne** und *wischen* – was haben diese Wörter gemeinsam? Sie bedeuten in Deutschland etwas anderes als in der Schweiz. Was in der Schweiz eine *Peperoni* ist, bezeichnet man in Deutschland als (*Gemüse-*)*Paprika*. Eine *Pfanne* ist in der Schweiz ein kleiner Kochtopf und das Wort *wischen* bedeutet, dass man den Boden mit einem Besen reinigt (also den Boden fegt und nicht etwa nass aufnimmt). ▫

W Das Wort **Pfnüsel** ist ein Dialektwort und steht für ›Schnupfen‹. Nun wissen wir, was das Wort bedeutet. Doch was ist die *Pfnüselküste*? In der Schweiz bezeichnet man so das linke Ufer des Zürichsees, also die Seite, auf der es weniger Sonnenstunden als am gegenüberliegenden Ufer gibt und wo man deshalb angeblich öfter erkältet ist. ▫

W In Deutschland spricht man von **Pi** *mal Daumen*, in Österreich von *Daumen mal Pi* und in der Schweiz heißt es *Handgelenk mal Pi*. In der hier gebotenen Kürze ist es schwer, Bedeutung und Herkunft zu erklären, deshalb nur so viel: Auf der Basis der Strahlensatzformel lässt sich mithilfe des ausgestreckten Daumens die Distanz zwischen zwei Punkten grob einschätzen. Die Entfernung wird also, auch dies eine bekannte Redensart, *über den Daumen gepeilt*. ▫

RS Im folgenden Beispiel wird ein Buchstabe durch ein **Piktogramm** ersetzt. Wozu? Das Scherenbild nimmt Bezug auf den Kontext, in dem das Wort steht, und gleichzeitig dient es dazu, den Blick auf eben dieses Wort zu lenken. Das ist eine gelungene grafostilistische Spielerei. ⬚

W In der Adventszeit wird bekanntlich viel gebacken. Welche Bezeichnungen gibt es für das, was man gemeindeutsch **Plätzchen** nennt? Hier einige Dialektwörter aus der Schweiz: *Stückli, Chröömli, Guatzli, Gutzi.* ⬚

W Was ist ein *Spaghettiplausch*? **Plausch** meint ein gemütliches Zusammensein. Und das ist in der Schweiz sehr beliebt. So gibt es den *Grillplausch*, den *Fondueplausch* oder den *Badeplausch* – und immer hat man dabei den *Plausch*. ⬚

P

W »**Pommfritt** [...[wird nur aus der Schweiz allgemein als üblich gemeldet, daneben in Österreich und im südwestlichen Deutschland (sowie am Main) noch an einigen Orten.« So steht es im Atlas zur deutschen Alltagssprache. Und es werden hier noch weitere Varianten genannt, z. B. *Pommes* (in deutscher Aussprache) oder *Fritten*. *Pommes* ist die in Deutschland und Österreich bevorzugte Bezeichnung, das Wort *Fritten* hört man v. a. im Rheinland. ⬚

W Im Variantenwörterbuch steht, das Verb *posten* sei ein »Grenz-fall des Standards«, bedeute in der Schweiz ›einkaufen‹ und sei nicht zu verwechseln mit *posten* in der Bedeutung ›etwas im Internet veröffentlichen‹. In Schweizer Zeitungen verwendet man *posten* gelegentlich als Stilmittel. Hier ein Beispiel aus dem Zürcher Tages-Anzeiger: »Müssen auch Kinder beim Posten Maske tragen?« ▫

K In der **Pragmatik** untersucht man das Kommunikationsverhal-ten. Wie verläuft z. B. ein Verkaufsgespräch in Berlin, wie in Zü-rich? Um dies herauszufinden, wurden Begrüßungs- und Verab-schiedungssequenzen in Bäckereien protokolliert. Dazu drei Beobachtungen: 1. Die Grußsequenz wird in Zürich eher vom Verkaufspersonal eingeleitet, in Berlin von der Kundschaft. 2. Die Begrüßung *Hallo* kommt nur in den Berliner, nicht in den Zür-cher Daten vor. 3. Im Abschiedsgruß wird in Berlin durchgängig *Tschüss* verwendet, in Zürich sind verschiedene Abschiedsfor-meln belegt (z. B. *Ade*). ▫

G Viele **Präpositionen** können temporal oder lokal gebraucht werden (vgl. *am Tag / am Zoo*). Darauf basiert der folgende Witz: Am Schalter: »Ich hätte gerne eine Fahrkarte nach München. Zweiter Klasse, hin und zurück.« – »Über Passau?« – »Nein, über's Wochenende.« ▫

G Man geht *an ein Konzert, zu einem Konzert* oder *auf ein Konzert*. Auch in der Wahl der **Präposition** gibt es regionale Unterschiede. Hier weitere Beispiele: *am Bauernhof / auf dem Bauernhof; auf die Post / zur Post; am Programm / auf dem Programm, auf Besuch / zu Besuch*. Was die Formulierung *am Bauernhof* betrifft, so liest man in der Variantengrammatik, dass diese mehrheitlich in Österreich, ganz selten aber auch in Südtirol und im Südosten Deutschlands verwendet wird. ▫

»Ohne Parkplatzsuche an jedes Konzert!«

W Das Wort **Puff** mag bei manchen die falschen Assoziationen auslösen. Deshalb sei kurz darüber informiert, was das Variantenwörterbuch dazu schreibt. Hier erfährt man, dass dieses Wort in der Schweiz ›Unordnung‹/›Durcheinander‹ bedeutet (z. B. *Hier herrscht ein großes Puff!*) und dass man in Österreich dafür das Wort *Pallawatsch* oder *Remasuri* verwendet. ▫

RS Im Amtlichen Regelwerk zur deutschen Rechtschreibung heißt es: »Nach freistehenden Zeilen setzt man keinen **Punkt**.« Das betrifft u. a. Buchtitel und Schlagzeilen, aber auch Hinweisschilder. Warum aber steht in Quedlinburg nach den Straßennamen ein Punkt? Wie unsere Recherchen ergaben, wurde die Schilder in den 1940er-Jahren erstellt, als man glaubte, eine Rechtschreibreform, die diese Schreibweise vorsehe, stehe kurz bevor. Doch dazu kam es letztlich nicht. Die Schilder wurden dennoch beibehalten und führen seither immer wieder zu Nachfragen im Tourismusbüro der Stadt. ▫

P

W | Von *Pusemuckel* über *Pampa*, *Kaff* und *Kleinkleckersdorf* bis *Hintertupfingen* – es gibt verschiedene Bezeichnungen für einen Ort, der abgelegen ist. Doch wo verwendet man welche Variante? Mehr dazu steht im Atlas zur deutschen Alltagssprache: »Im Süden des Sprachgebiets [...] dominieren ganz klar die Bezeichnungen *Hintertupfingen* und *Hintertupfing*. [...] Die Bezeichnung *Posemuckel* scheint im gesamten Norden bekannt zu sein.« Flächendeckend gebräuchlich ist diese Bezeichnung jedoch nur im Nordwesten, und zwar in der Variante *Pusemuckel*. ▫

W | Es gibt verschiedene Reinemachaktionen, die von Städten und Gemeinden durchgeführt werden – und verschiedene Bezeichnungen dafür. In Hamburg läuft die Aktion unter der Bezeichnung »Hamburg räumt auf«, in der Schweiz verwendet man als Oberbegriff das Wort *Putzete* und spricht z. B. von einer *Seeputzete* oder einer *Waldputzete*. ▫

RS | Das *GA*, die *GV*, die *ID*, der *HB*, der *PW*, das *KiTu*, die *Kita*. Einige dieser Abkürzungen kennt man nur in der Schweiz, einige auch anderswo. Und bei einem dieser Beispiele gibt es zwei Abkürzungsvarianten: *PW* und *PKW*. Hier ein PW-Beispiel: ▫

»Dies ist kein

PW–Parkplatz!«

K Unser Alphabet umfasst 30 Buchstaben. Zwei tanzen aus der Reihe: ß kann nicht am Wortanfang stehen und **Q** tritt praktisch nur in Kombination mit u auf. Das zeigt ein Blick in den Rechtschreibduden von 1967. Auf duden.de sind es zurzeit (Juni 2021) immerhin sechs Wörter, die ohne nachfolgendes u stehen. ▫

Pindar

QIGONG

Qi

Qat

QR-Code

Q-Fieber

Q

W Was ist eine *Quetschkommode*? Welche Synonyme gibt es dafür? Hier eine Liste aus dem Variantenwörterbuch: *Akkordeon, Handharmonika, Handorgel, Knopfharmonika, Knopforgel, Quetsche, Schifferklavier, Schwyzerörgeli, Ziehharmonika, Ziehorgel.* Ob das aber alles dasselbe ist? ▫

W Das folgende Wortspiel versteht man nur, wenn man die Wendung *ein **Rad** abhaben* kennt. Synonyme dazu sind: *einen an der Waffel haben, einen Sprung in der Schüssel haben, nicht alle Tassen im Schrank haben, nicht ganz dicht sein.* Welche Bezeichnungen gibt es dafür in der Schweiz, welche in Österreich? Wir haben nachgefragt und erhielten folgende Antworten: *einen Klopfer haben, mit dem Vogelhäusel um die Milch gehen* (in Österreich), *nicht ganz durchgebacken sein, einen Kiosk an der Eigernordwand haben* (in der Schweiz). ▫

W Das Wort *Rande* werden viele vermutlich nicht kennen. Dazu liest man im Variantenwörterbuch, dass dieser Ausdruck meist im Plural verwendet wird (*die Randen*) und die schweizerische Variante zu dem ist, was anderswo als *Rote Beete* (in Deutschland) oder als *Rote Rübe* (in Österreich und Süddeutschland) bezeichnet wird. Nun wissen wir auch, was ein *Randensalat* ist. ▣

RS *Diphtong, Rythmus, Standart.* Diese Fremdwörter werden oft falsch geschrieben, korrekt muss es heißen: *Diphthong, Rhythmus, Standard.* Aber auch bei deutschen Wörtern gibt es **Rechtschreibunsicherheiten** (z. B. *Was hälst du von Peter? Sie verloren Ihr Leben. Verwandschaft*). Die Schreibweise des Wortes *Verwandtschaft* war sogar Thema einer 500-€-Frage bei »Wer wird Millionär«. ▣

W *Et hätt noch immer joot jejange.* Manche **Redensarten** verwendet man nur im Dialekt, andere auch standardsprachlich (z. B. *Halt die Ohren steif*). Hier noch drei Beispiele: *Abwarten und Tee trinken. Unkraut vergeht nicht. Licht am Ende des Tunnels sehen.* Was haben diese inhaltlich gemeinsam? Sie werden meist verwendet, wenn man etwas Tröstendes sagen möchte. ▣

R

W In einer Wohnungsanzeige lesen wir: »Reduit mit Waschmaschine und Trockner. Elektrische Storen und Sonnenmarkisen.« Was ist ein *Reduit*? Was sind *Storen*? Dabei handelt es sich um Helvetismen. Ein *Reduit* ist ein Abstellraum, und zu *Storen* steht im Variantenwörterbuch: »aufrollbarer Sicht- oder Sonnenschutz [...], der vor ein Fenster herabgelassen oder über eine Terrasse gespannt werden kann«. ▣

G Ob die hier angekündigte Feier stattfinden kann, ist die Frage. Doch darum geht es nicht. Uns interessiert der Ort, an dem sie stattfinden soll: im **reformierten** Kirchgemeindehaus. Das erinnert an den *vierstöckigen Hausbesitzer*. Warum? Ein Adjektiv, das vor einem Kompositum steht, bezieht sich auf das letzte Glied. Das würde aber bedeuten, dass der Besitzer vierstöckig oder das Haus reformiert ist. Und das ist hier sicher nicht gemeint. ▫

> »Einladung zur Weihnachtsfeier
> am 15. Dezember um 19:30 Uhr
> im ref. Kirchgemeindehaus«

G In einem Blog zur deutschen Sprache wird gefragt, warum es *auf die* **Reihe** und nicht *in die Reihe* heiße. Doch die zweite Variante kommt im Deutschen ebenfalls vor, wenn auch nur selten. In der Variantengrammatik werden dazu Belege aus Zeitungen angeführt. Hier zwei Beispiele: »Das sei eine harte Zeit gewesen, in der man sehr viel Freizeit aufwenden musste, um alles in die Reihe zu bekommen« (Thüringer Allgemeine). »Nur dort habe er den notwendigen Druck, um sein Leben in die Reihe zu bekommen« (Oberbayerisches Volksblatt). ▫

RS *Ressort*, **Ressource**, *brillant* – was haben diese drei Wörter gemeinsam? Schnell passiert es, dass man sie wie im Englischen (*resort*, *resource*, *brilliant*) schreibt. Doch das ist falsch. Vorsicht vor solchen Interferenzen, also von direkten Übertragungen von einer Sprache auf die andere! ▫

K Alle kennen das: Im **Restaurant** möchte man die Bedienung auf sich aufmerksam machen, hat aber keinen Blickkontakt. Was ruft man? Hier drei Vorschläge: *Entschuldigung!*, *Hallo!*, B*edienung!* In Stilratgebern findet man auch den Rat, die Servicekraft beim ersten Kontakt nach ihrem Namen zu fragen und diesen dann zu verwenden. Ob das aber tatsächlich so geschieht? ▫

G *Mitgliederbeitrag* oder *Mitgliedsbeitrag*? *Rinderbraten* oder *Rindsbraten*? Je nach Region wird die eine oder die andere Variante bevorzugt, d. h. das zusammengesetzte Wort wird an seiner Scharnierstelle entweder mit dem Fugenelement *-er-* oder dem Fugenelement *-s-* verwendet. ▫

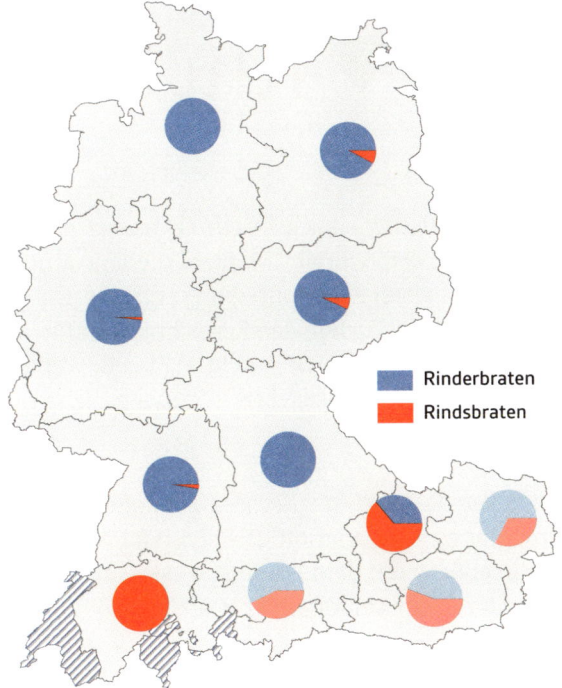

Rinderbraten
Rindsbraten

R

G| Adjektive werden dekliniert, wenn sie sich auf Substantive be-
ziehen (z. B. *das kleine Kind*). Warum heißt es dann aber nicht *die
rosae Bluse* oder *eine primae Sache*? Zwei Vokale würden an dieser Stelle zusammentreffen und das versucht man zu vermeiden.
Deshalb fügen manche einen Konsonanten ein (*rosane Bluse*). ▣

RS| In folgendem Satz ist jedes Wort interessant. Beginnen wir
beim Objekt: **Rüebli** ist ein Dialektwort. Das Piktogramm steht
für *liebe/love*. Die Schreibweise des Subjekts folgt den Regeln des
deutschen Schriftsystems. Damit spielt es auf das an, wovon im
dazugehörigen Text die Rede ist. Es geht um Eier. ▣

»Ei ♥ Rüebli«

RS| Variation ist überall – auch in der Orthograf/phie. Das zeigt
sich nicht nur in den Schreibvarianten, die laut Amtlichem Regelwerk zur deutschen Rechtschreibung zulässig sind (vgl. *Sauce/
Soße/Sosse*), sondern auch in den Bezeichnungen für verschiedene Satzzeichen: In Österreich spricht man z. B. vom *Strichpunkt*
(= Semikolon) und vom **Rufzeichen** (= Ausrufezeichen). ▣

W| Auch auf *dem **Rummel** / der Kirmes / dem Jahrmarkt / der Chilbi /
dem Kirta* gibt es viel Variation: Die einen fahren mit dem *Auto-
scooter*, die andern mit dem *Boxauto*, wieder andere haben Spaß
am *Selbstfahrer* oder am *Autodrom*. Dabei ist alles dasselbe. ▣

G Jemand macht uns auf eine interessante Wortschöpfung der Stadt Wien aufmerksam: der **Rundumadum**-*Weg*. Wie ist dieser Ausdruck entstanden? Man nehme das Dialektwort für *rundherum*, mache daraus ein Substantiv und verwende es möglichst häufig. Das Wort gibt es seit 2005, damals wurde ein neuer, 120 km langer Rundwanderweg angelegt und so bezeichnet. ▣

R

W Kennt ihr das Wort *Spargelrüsten*? Zu **rüsten** steht im Variantenwörterbuch, dass dieses Verb in der Schweiz in folgender Bedeutung verwendet wird: ›nicht zum Verzehr geeignete Teile entfernen (bei Gemüse und Früchten)‹. Weitere Wörter, die auf dieser Basis gebildet werden, sind *Gemüserüster*, *Rüstabfälle*, *Rüstmesser* oder *Rüsttisch*. ▣

W | Wenn es draußen regnet und stürmt, dann sollte man am besten zu Hause bleiben. Also tun wir das und sagen uns: Daheim ist es ja auch am schönsten. Hier die **sächsische** Variante dazu: *Dorrheeme isses am scheensten.* Das erkennt man in diesem Beispiel u. a. an den Vokalen: Ein Merkmal des Sächsischen ist, dass die Umlaute entrundet werden, also aus /ö/ beispielsweise /e/ wird. Und das ist hier geschehen. ▫

W | Im Variantenwörterbuch steht unter dem Eintrag **sackstark**, dass es sich dabei um ein Adjektiv handelt, das nicht steigerbar ist und – eher salopp – in der Bedeutung von ›sehr gut‹ verwendet wird. Was würde man dafür anderswo sagen? Hier fünf Vorschläge: *Super! Toll! Spitze! Ausgezeichnet! Exquisit!* Doch dabei ist zu beachten, dass die Stilebene dieselbe sein sollte. Deshalb kommen nicht alle fünf Alternativen gleichermaßen infrage. ▫

W | *Nun haben wir den **Salat**!* (= Ärger). Phraseologismen sind feste Wortverbindungen; sie haben eine Gesamtbedeutung; ihre einzelnen Teile sind nicht austauschbar (vgl. *Nun haben wir den Kohl!*) und sie sind in der Regel nicht wörtlich übersetzbar. Doch genau das ist im folgenden Satz geschehen. ▫

»Now we have the salad!«

G | Das Adjektiv **satt** kann im Deutschen unter bestimmten Bedingungen auch nachgestellt werden (vgl. *Es gab Sonne satt*). Auf duden.de steht dazu, *satt* bedeute in diesem Fall so viel wie ›ausreichend, reichlich, überreichlich‹. Die Formulierung *Rippchen* *satt* in folgendem Beispiel hat aber noch eine andere Bedeutung. Sagen wir es auf Englisch: *Rippchen all you can eat.* ▫

»Rippchen satt, mit Beilagen für 15 €«

[RS] Die Schreibvarianten **Sauce**/**Soße**/**Sosse** liegen auf verschiedenen Ebenen. Vergleichen wir zunächst *Sauce* und *Soße*. Hier geht es um das Nebeneinander von fremdsprachiger und integrierter Schreibung. *Soße* und *Sosse* unterscheiden sich in anderer Hinsicht, das sind länderspezifische Schreibweisen: Mit Doppel-*s* schreibt man das Wort in der Schweiz und in Liechtenstein, mit Eszett im übrigen deutschsprachigen Raum (vgl. § 25 im Amtlichen Regelwerk zur deutschen Rechtschreibung). ▫

[G] *Seine Schreibe gefällt mir, seine Denke nicht.* Zu diesem (konstruierten) Beispiel passt auch das Wort **Schalte**. Wir haben den Eindruck: Dieses Wort wurde in der Coronazeit immer populärer – allerdings nur in den Medien. Oder verabredet ihr euch zu einer *Videoschalte*? ▫

[W] Mal wieder in Wien mit Freunden in einem **Schanigarten** sitzen; das wäre schön! Laut Variantenwörterbuch sagt man zu *Schanigarten* auch *Gastgarten*, *Gartenwirtschaft*, *Schankgarten*, *Gartenrestaurant* oder *Gartenlokal*. Doch das ist irreführend. Ein *Schanigarten* bezeichnet schlicht den zu einem Lokal gehörenden Außenbereich, wo Tische aufgestellt sind. Und das kann auch auf der Straße sein. ▫

W Was ist ein **Schibboleth**? Darunter versteht man in der Sprach-wissenschaft ein charakteristisches sprachliches Merkmal, mit dem sich eine Person einer bestimmten sozialen Gruppe oder einer spezifischen Region zuordnen lässt. Hier einige Beispiele für solche Schibbolethe. Es ist unschwer zu erraten: Diese gelten als typisch Ruhrdeutsch. ▣

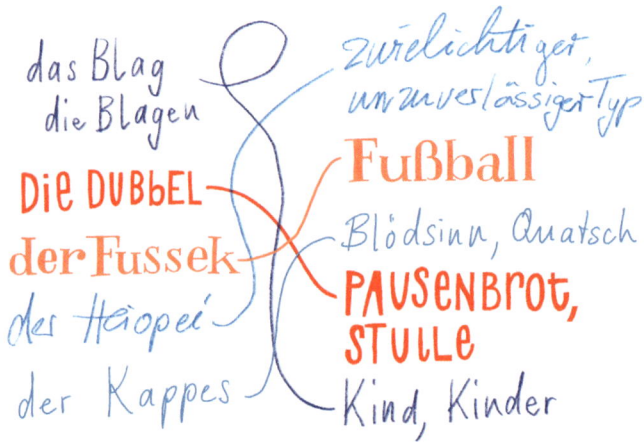

das Blag
die Blagen   → zwielichtiger,
                        unzuverlässiger Typ

DIE DUBBEL   Fußball
der Fussek   Blödsinn, Quatsch
der Häopei   PAUSENBROT,
                    STULLE
der Kappes   Kind, Kinder

W Manche Redensarten kennt man im ganzen deutschsprachigen Raum, andere sind nur regional bekannt. Wer weiß z. B., was *Jetzt ist **Schicht** im Schacht* bedeutet? Die Redensart kommt aus dem Bergbau. Wenn *Schicht im Schacht* war, war Feierabend und man sollte über Tage sein. In neutraler Lesart meint also *Schicht im Schacht*, dass etwas zu Ende ist. Meist wird es heute aber als Aufforderung verwendet im Sinne von: *Schluss jetzt!* ▣

W **Schmackes** ist ein Ausdruck, den man v. a. im Rheinland ver-wendet (meist in Kombination mit *mit*). Damit ist gemeint, dass man eine Tätigkeit mit großem Kraftaufwand ausübt bzw. einer

Sache viel Nachdruck gibt. Das Wort leitet sich aus dem nieder-
deutschen *smacken* her (= *schlagen/klatschen*). ▢

W | **Schmecken** bedeutet ›etwas mit dem Geschmackssinn wahr-
nehmen‹. Es kann aber auch die Bedeutung von *riechen* haben:
So steht im Digitalen Wörterbuch der deutschen Sprache
(DWDS), dass *schmecken* in Süddeutschland, Österreich und der
Schweiz ›den Geruch von etw. wahrnehmen; einen Geruch ver-
breiten‹ meinen kann. Das kann schnell zu Missverständnissen
führen. Sagt man z. B. als Schweizerin in Berlin »Es schmeckt
gut«, kann es durchaus sein, dass man gefragt wird, woher man
das denn wisse – man habe das Essen ja noch gar nicht probiert. ▢

W | Der Nikolaus (= Samichlaus) kam in Coronazeiten zu vielen
Kindern nur noch online. Und wer begleitete ihn? In der Schweiz
ist es der **Schmutzli**. Und anderswo? Dazu steht im Varianten-
wörterbuch: »Klaubauf A-west (Tirol), Krampus A D-südost,
Knecht: *Knecht Ruprecht A-west (Vorarlberg) D, Pelznickel
D-mittelwest.« ▢

RS | **Schrift**
ist nicht
gleich Schrift. Es gibt verschiedene Schrifttypen (z. B. Silben-
oder Alphabetschriften), verschiedene
Schriften innerhalb eines Schrifttyps
(z. B. lateinisches/griechisches Alphabet) und verschiedene
Schriftarten. Hier ein Beispiel. Dabei handelt es sich um die
deutsche Kurrentschrift. Wer kann das (noch) lesen? ▢

RS In der Schweiz wird Standarddeutsch auch als **Schriftdeutsch** bezeichnet. Warum eigentlich? Es ist ja keineswegs so, dass man es ausschließlich im Geschriebenen verwenden würde. Beispielsweise erfolgt der Unterricht in Schweizer Schulen in aller Regel auf Standarddeutsch. Doch das ist nicht die Sprechweise, die man spontan im Mündlichen verwenden würde. Und das bringt das Wort *Schriftdeutsch* sehr gut zum Ausdruck. ▫

W Jede Region hat ihre Spezialitäten – sprachlicher und kulinarischer Art. Das gilt auch für die Weihnachtstage. Als Festtagsgenuss in der Schweiz gilt das **Schüfeli**. In Deutschland verwendet man hierfür die Bezeichnungen *Kassler* oder (im Südwesten) *Schäufele*. ▫

W Wie heißen bei euch die **Schulanfänger*innen**? *ABC-Schütz*innen, Erstklässler*innen, I-Dötzchen* oder *Taferlklassler*innen*? Und was tragen sie auf dem Rücken? *Einen Ranzen, einen Schulsack, einen Thek* oder *einen Tornister*? Auch daran sehen wir: Es gibt in der deutschen Sprache Varianten über Varianten! ▫

W Hier ein Wahlplakat aus Österreich. Den Ausdruck *Weil's nicht wurscht* (= *egal*) *ist*, werden die meisten verstehen, aber das Verb **schupfen** ist sicher nicht überall bekannt, es ist ein Austriazismus. Dazu steht im Variantenwörterbuch: »(salopp) wuppen D, managen, schmeißen«. ▫

> »Weil's nicht wurscht ist,
> wenn Frauen alleine Job,
> Haushalt und Kinder schupfen.«

RS Auf diesem Plakat stimmt nicht nur der Text, auch die Orthografie ist korrekt. Doch warum sollte es anders sein? Die 2. Person Plural Präsens wird im Deutschen meist mit *-t* gebildet (vgl. *ihr kommt, ihr lacht*). Deshalb passiert es schnell, dass man analog dazu (falsch) *ihr **seit*** schreibt. ▣

G Dass es Variation in der Artikelverwendung gibt (z. B. bei Anglizismen), ist bekannt, hier einige Beispiele: *App, Blackout, Blog, Comic, Dress, Event, Laptop, Level, (E-)Mail, Terminal.* In diese Reihe gehört auch das Wort **Service**. Dieses wird in der Bedeutung ›Dienstleistung‹ bzw. ›Gästebetreuung im gastronomischen Bereich‹ mit neutralem oder maskulinem Genus verwendet. Die maskuline Variante ist überall im Gebrauch, in Österreich daneben aber auch das neutrale Genus. ▣

»Persönliches *Kundenservice*: täglich 10:00 – 17:00 Uhr«

G *Zugsabteil, Fabrikshalle, Gepäcksablage – Bewerbungsfrist, Krank-heitsfall, Haltbarkeitstest.* Wo liegen die Unterschiede? Es gibt Wörter, bei denen ein Fugen-**s** obligatorisch ist (z. B. nach *-ung*, *-heit* und *-keit*). Für andere gilt das nicht und (nur) dann gibt es regionale Variation. ⊡

G Wie oft hat man in der Coronazeit gedacht: Hoffentlich bessert die Situation bald. Oder sollte sie *sich bald bessern*? Ob mit oder ohne Reflexivpronomen, wir alle sehnten eine Änderung herbei. Oder anders gesagt: Das musste (sich) endlich ändern! ⊡

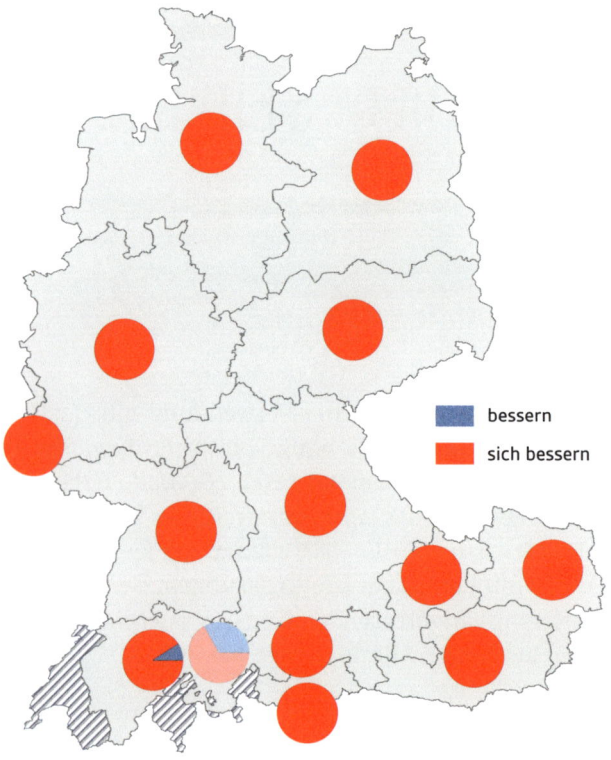

bessern

sich bessern

K *Tim, kommen Sie bitte.* Diese Anrede bezeichnet man als »Hamburger Sie«. Im Atlas zur deutschen Alltagssprache liest man dazu: »Interessant ist ein Blick auf die Gebiete, in denen diese Anredeform nach den Meldungen als ›unüblich‹ gilt: Das sind etwa Ostbelgien, das Saarland, Teile der Schweiz und der Westen Österreichs.« ▣

K Wie verabschiedet man sich von Personen, die man **siezt**? Auch hier zeigt der Atlas zur deutschen Alltagssprache, welche regionalen Unterschiede es gibt. Die Palette reicht im deutschsprachigen Raum von *Auf Wiedersehen*, *Auf Wiederschaun*, *Ade*, *Tschüss*, *Tschö*, *Tschau*, *Servus* bis zu *Pfi Gott.* ▣

G Über den Ausdruck *Sinn machen* schreibt Bastian Sick in seinem Bestseller »Der Dativ ist dem Genitiv sein Tod«, dass es sich dabei um eine Übernahme aus dem Englischen handle. Im Deutschen habe *machen* die Bedeutung von ›herstellen‹/›tun‹ und das passe nicht zu etwas Abstraktem wie *Sinn*. Doch warum nicht? Wir sagen ja auch *Das macht Freude.* Warum also nicht auch *Das macht Sinn?* ▣

RS In folgendem Text ist ein **Smiley** zu sehen. Doch das ist keineswegs ein lachendes Gesicht. Sollte man also nicht eher von einem *Frowney* sprechen? Diese Bezeichnung hat sich nicht durchgesetzt; auch Gesichtszeichen, die negative Emotionen ausdrücken, werden im Deutschen als *Smileys* bezeichnet. ▣

S

»Heute (20.10.) wieder Warnstreik ▸
                keine Betreuung ☹ «

W *So'n* Auto, so 'ne Jacke, so 'n Kerl. Die Kombination von [*so* + unbestimmter Artikel] ist in der Umgangssprache sehr geläufig. Doch wie kann man Fremdsprachigen die Bedeutung dieser Konstruktion erklären? Das ist so 'ne schwierige Frage. ⊡

K Ein Kollege schreibt uns zum Wörtchen *sozusagen*: »Beliebig oft verwendbar, da es den propositionalen Gehalt des Satzes nicht wesentlich berührt.« Wie wahr! Man achte einmal darauf, in welchen Kontexten man selbst dieses Wort gebraucht. Will man damit die Aussage relativieren? Der Eindruck drängt sich auf, wenn man Sätze hört wie »Sie ist sozusagen meine neue Chefin« oder »Unsere Beziehung ist nun sozusagen offiziell«. ⊡

W Der Duden kürt jeden Tag ein »Wort des Tages«. Dazu ein Vorschlag von uns: *spannend*. Dieses Wort wird seit Jahren gerne gebraucht – und nicht nur in Bezug auf Krimis. So ist ein Vortrag *spannend*, eine Frage ist *spannend*, eine Werbekampagne ist *spannend*. Was denn noch alles? ⊡

G Im Frühling freuen wir uns auf die ersten *Spargeln*. Oder auf den ersten *Spargel*? In der Variantengrammatik steht dazu, dass in Südwestdeutschland und in der Schweiz der Plural von *Spargel Spargeln* lautet. In den übrigen Regionen wird dieses Wort in der Regel nur als »Stoffname im Singular« gebraucht. In Bonn essen wir also *Spargel*, in Luzern *Spargeln*. ⊡

G Es gibt schwache und starke Verben, vgl. *lachen/lachte/gelacht* (schwach) und *schreiben/schrieb/geschrieben* (stark). Und wie ist es mit *speisen*? In der Schweiz kennt man beide Varianten, aber mit unterschiedlicher Bedeutung: Verwendet man das Verb in der Bedeutung ›etwas mit etwas Notwendigem versorgen‹, dann gebraucht man die starke Form (z. B. *Der Brunnen wird mit Regenwasser gespiesen*). ▣

G In der Variantengrammatik sind auch solche Varianten dokumentiert, die nur in festen Verbindungen vorkommen. Dazu gehören Konstruktionen mit dem Verb **spielen**. Hier ein Beispiel aus einem Zeitungsartikel: »Also die Arbeit niederlegen und ab ins Schwimmbad? Das spielt es nicht [...].« Die Konstruktion *Das spielt es nicht* hat hier die Bedeutung ›etwas gibt es nicht, etwas findet nicht statt‹. Sie wird nur in Österreich verwendet. ▣

RS Wir fragen uns: Warum wurde das Wort *Straße* auf diesem österreichischen Hinweisschild mit **ss** geschrieben? Und da es nun einmal so geschrieben wurde: Warum hat sich jemand die Mühe gemacht und diese Schreibung eigens korrigiert? Offensichtlich war es der Person ein Anliegen, auf die Einhaltung der Rechtschreibnormen hinzuweisen. ▣

RS Seit 2017 gibt es das Eszett als Großbuchstabe im deutschen Alphabet. Wir vermuten, dass das viele nicht wissen, weil 1. das ß als Großbuchstabe kaum benötigt wird (da es z. B. niemals am Wortanfang steht), 2. der typografische Unterschied zum Kleinbuchstaben minimal ist und man 3. das Eszett ohnehin nicht überall verwendet (z. B. nicht in der Schweiz). ▫

Das ß ist GROSS geworden.

RS Was ist an folgendem Text bemerkenswert? Nichts, alles ist korrekt geschrieben. Das gilt auch für das Wort **Storys**. Im Deutschen lautet die Regel: »Fremdwörter aus dem Englischen, die auf -y enden und im Englischen den Plural -ies haben, erhalten im Plural ein -s.« So steht es im Amtlichen Regelwerk zur deutschen Rechtschreibung. ▫

»Täglich um 12 für Sie: die 12 besten Storys!«

G Es gibt Verben, die im Deutschen meist nur im Infinitiv verwendet werden. Dazu gehört das Verb **stoßlüften**, das zu Coronazeiten in aller Munde war (vgl. *Im Winter sollte man regelmäßig stoßlüften*). Doch wie kann man dieses Verb konjugieren? *Ich lüfte Stoß / ich stoßlüfte?* Das klingt seltsam. ▫

RS Hier einige **Straßennamen** aus Schweizer Städten: *Tessinerstrasse*, *Baslerstrasse*, *Genferstrasse*, *Bernerstrasse*. Wo liegen die Unterschiede – vom Eszett einmal abgesehen – zur Schreibung von Straßennamen in Deutschland? In den genannten Beispielen wird die Ortsangabe (Tessin, Basel, Genf, Bern) mit dem Folgewort zusammengeschrieben, in Deutschland stünden an dieser Stelle zwei Wörter (*Tessiner Straße*, *Basler Straße*, *Genfer Straße*, *Berner Straße*). ▫

RS In der Zeichensetzung unterscheidet man zwischen Bindestrich (*T-Shirt*), Gedankenstrich (*Sie kam – und er ging*) und Ergänzungsstrich (*be- und entladen*). Eine weitere Option ist, gar keinen **Strich** zu setzen. Allerdings ändert sich dadurch die Bedeutung – und das ist bei folgender Aussage der Fall. ▫

»Eintritt nur mit Mund und Nasenschutz«

G Nun geht es um das Wort **Stückerl**. Wie lautet der Plural? *Die Stückerl* oder *die Stückerln*? Dazu steht in der Variantengrammatik: »Die Variante mit der Endung *-n*, *Stückerln*, wird ihrerseits nur in Österreich verwendet und ist hier insbesondere im Südosten mehrheitlich im Gebrauch.« ▫

W *Schotter*, *Kohle*, *Moos*, *Kies*, *Knete*, *Kröten*, *Moneten*, **Stutz** – es gibt im Deutschen viele Ausdrücke rund ums Geld. Im Variantenwörterbuch findet man einige solche Beispiele (so z. B. unter dem Eintrag »Stutz CH«). Diese werden aber zu Recht als »Grenzfall des Standards« etikettiert. ▫

G̲ »dann kannst fahren« – Hier fehlt das **Subjekt**. Wie ist das zu erklären? Das liegt vermutlich daran, dass *kannst* die Kurzform von *kannste* ist und das auslautende *-e* im Gesprochenen oft wegfällt. Vergleichen wir damit die Konstruktion *dann könnt fahren*. Hier wäre der Wegfall des Subjekts stark markiert. ▫

Komm, ich trink, dann kannst fahren.

G̲ *Schwanger, leer, viereckig.* Manche Adjektive lassen sich aus (naheliegenden) semantischen Gründen nicht steigern, andere stehen selbst schon für einen **Superlativ**, z. B. *optimal*, *einzig*. Oft liegen die Dinge aber nicht so einfach. Kann z. B. etwas *aktueller* sein als *aktuell*? So lesen wir in einem Zeitungsartikel: ▫

»Das Aktuellste aus der Ortenau.«

RS̲ Viele Schreibvarianten, die laut Amtlicher Regelung zur deutschen Rechtschreibung zulässig sind, stehen ohne regionale Präferenz nebeneinander (z. B. *Orthographie/Orthografie*), andere werden bevorzugt in einem der deutschsprachigen Länder verwendet. Dazu gehört die Schreibweise **Szepter**. Dabei handelt es sich um die in Österreich bevorzugte Schreibung von *Zepter*. ▫

W Wörter, die in allen Regionen des deutschen Sprachraums verwendet werden, nennt man »gemeindeutsch«. Das betrifft die meisten Wörter des Standarddeutschen. Daneben gibt es aber auch viele Ausdrücke, die – obwohl standardsprachlich – nicht überall verbreitet, also nicht gemeindeutsch sind. Das gilt z. B. für das Substantiv *Tacker* und das Verb ***tackern***. Diese Wörter gebraucht man weder in Österreich noch in der Schweiz. ▫

G Die meisten kennen die Formulierung *Das taugt nichts*. In diesem Fall ist das Wörtchen *Das* das Subjekt. Das Verb ***taugen*** kann in Österreich aber auch mit einem Dativobjekt anstelle eines Subjekts verwendet werden (*jemandem taugen*) und ›gefallen, behagen‹ bedeuten. Hier ein Beispiel aus einer österreichischen Zeitung: »Welche Rolle taugt Ihnen am meisten?« ▫

W *Der Küster, der Bodden, tackern, in trockenen Tüchern sein.* Was haben diese Ausdrücke gemeinsam? Wie Zeitungsrecherchen zeigen, werden diese fast ausschließlich in Deutschland verwendet. In der Linguistik spricht man in solchen Fällen von »**Teutonismen**«. Das mag seltsam klingen, aber was ist von der alternativen Bezeichnung »Deutschlandismen« zu halten. Klingt das besser? ▫

G Was sind die **Top Ten** der Variantengrammatik, welche Varianten werden also besonders häufig nachgeschlagen? Hier die Liste: *öfter/öfters*; *betreffend*; *im Hinblick auf / in Hinblick auf*; *neidig/ neidisch*; *ekelig/eklig*; *nebelig/neblig*; *Hinzu kommt, dass / Kommt hinzu, dass*; *Ellbogen/Ellenbogen*; *brenzlich/brenzlig*; *Schippe/ Schüppe*. ▫

T

Alle reden von Virusvarianten, uns interessieren hier die Genusvarianten. Dazu gehören Beispiele wie *die E-Mail* oder *das E-Mail*. Eine solche Variation kann mit einem Bedeutungsunterschied einhergehen (z. B. *der/das* **Tor**; *der/die Hut*; *der/das Verdienst*), es gibt aber auch regionale Präferenzen (z. B. *das/der Event*; *der/das Laptop*). ▫

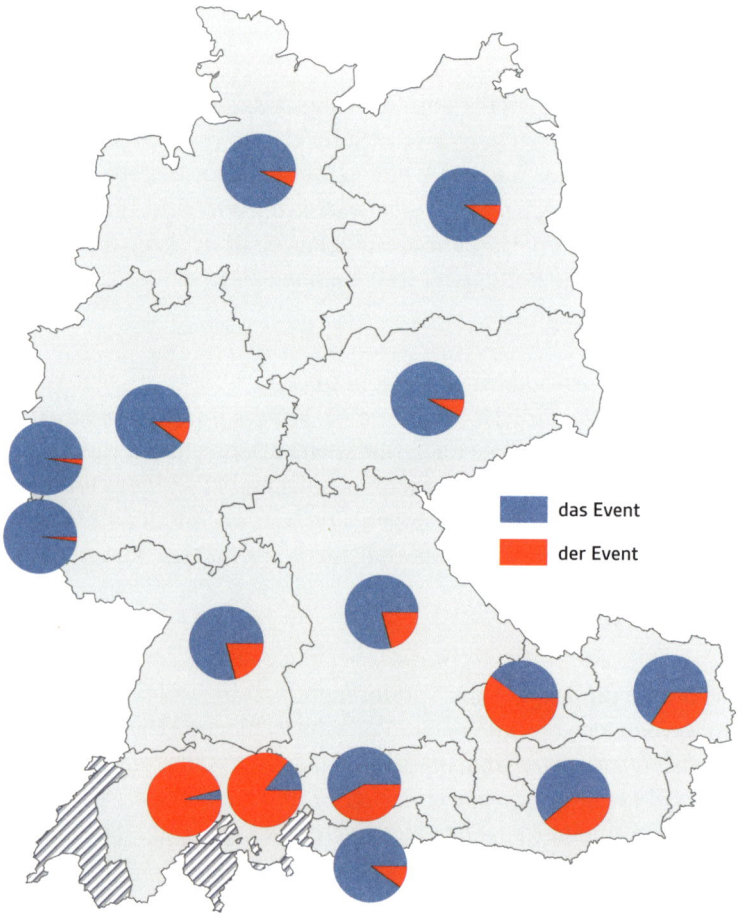

das Event
der Event

W In der Einladung zur Jahresversammlung eines Turnvereins finden sich Wörter bzw. Abkürzungen, die für Nichtschweizer*innen vermutlich fremd tönen [sic]: *Traktanden*, *Mutationen*, *GV*. Wir fragen uns, wie man dazu in Österreich oder Deutschland sagen würde. Die Wörter sind doch so praktisch! Zur Erläuterung: *Traktanden* sind Tagesordnungspunkte, *Mutationen* sind Änderungen im Mitgliederbestand, die Abkürzung *GV* steht für Generalversammlung. ▫

W Das Schweizer Wort *Trampilotin* kennen viele sicher nicht. Aber man spricht ja auch vom *Formel-1-Piloten* oder vom *Autopiloten* des Flugzeugs. Warum also nicht auch von *Trampilot*? Oder *Buspilotin*? ▫

»Trampilotin trägt keine Schuld.«

RS *Sprecher-ziehung*, *bein-haltet*. Es gibt **Trennungen**, die sinnentstellend, aber korrekt sind, und es gibt falsche Trennungen wie *Ver-bende*. Im Konflikt stehen hier zwei Regeln: 1. Der Konsonantenbuchstabe kommt auf die nächste Zeile. 2. Zusammensetzungen trennt man zwischen den Wörtern, aus denen sie bestehen. Die zweite Regel gibt in diesem Fall den Ausschlag: Korrekt ist die Schreibung *Verb-ende*. ▫

W Eine **Trinkhalle** ist »eine Halle in einer Kuranstalt, in der Heilwasser getrunken werden kann« (Zitat aus dem Variantenwörterbuch). Im Ruhrgebiet verstehe man darunter aber noch etwas anderes: Es ist »ein Kiosk, an dem es vor allem Getränke, [...] zu kaufen gibt«. Zumindest schreibt man das Wort *Trinkhalle* in dieser Bedeutung, meist spricht man aber schlicht von *Bude* oder von *Büdchen*. Eine andere Bezeichnung hierfür ist *Wasserhäuschen* (z. B. in Frankfurt). ▣

K In einem linguistischen Aufsatz wird gefragt, ob sich die Grußformeln *Hallo* und **Tschüss** tatsächlich immer weiter ausbreiten (von Norden nach Süden, von Duz- zu Siez-Konstellationen). Das trifft vermutlich zu, doch es gibt im deutschsprachigen Raum immer noch Regionen, wo *Tschüss* nicht Einzug gehalten hat. So würde sich in Zürich wohl niemand von einem Taxifahrer mit *Tschüss* verabschieden. ▣

G *Stadt* ▸ *Städtli*, *Tuch* ▸ **Tüchli**, *Stock* ▸ *Stöckli* – in der Schweiz ist das Wortbildungsmuster a ▸ ä, u ▸ ü, o ▸ ö in Kombination mit der Endung *-li* zur Verkleinerung sehr beliebt. Allerdings muss man wissen, wann dieses Muster zur Anwendung kommt und wann nicht. In der Schweiz würde wohl niemand von *Fränkli* sprechen. ▣

W | Auf duden.de steht zu *Tüdelkram/Tüddelkram*, dieses Wort sei »norddeutsch umgangssprachlich« und bedeute: ›Nebensächlichkeit, Unwichtiges; Unsinniges‹. Oder auch – unser Vorschlag – ›Kleinzeug‹. So gibt es Taschen, in die man seinen *Tüdelkram* verstauen kann. Und dabei handelt es sich keineswegs um Unsinniges. ▣

W | Einige Verben basieren auf Firmennamen, z. B. *googeln*, *skypen*, *whatsappen*, *twittern*. Diese sind schon in deutschsprachigen Wörterbüchern angekommen, man findet sie auch auf duden.de. Wie aber ist es mit *twinten* (= die Twint-App zum Bezahlen benutzen)? In der Schweiz kennt man dieses Verb, auf duden.de (noch) nicht. Beispielsweise titelte die Luzerner Zeitung: ▣

»Schweizer Jugend twintet: Warum die Bezahl-App so schnell beliebt wurde«

G | In einer Südtiroler Zeitung lesen wir: »Im Internet sei das Archiv um 89.000 Euro angeboten worden [...].« (Der Vinschger). Und in einer anderen Zeitung: »Er gab an, die Pferde um 3000 Euro für seine Kinder gekauft zu haben.« (Kurier, Burgenland). Um welche Variante geht es hier wohl? Die Preisangabe steht in beiden Fällen mit *um*, nicht mit *für*. In Österreich wie auch in Südtirol sind beide Präpositionen gebräuchlich, im übrigen deutschsprachigen Raum wird nur *für* verwendet (also z. B. *für 3000 Euro*). ▣

U

In der Variantengrammatik gibt es einen Artikel zum Thema »Adjektive mit/ohne **Umlaut**«. Hier einige Beispiele: *farbig/fär-big, narrisch/närrisch, nebulos/nebulös, weihnachtlich/weihnächt-lich*. Auch Belege werden angeführt (z. B. »Je alkoholhältiger der Wein ...«). Doch wo verwendet man welche Variante? Das zeigt die folgende Karte. ▣

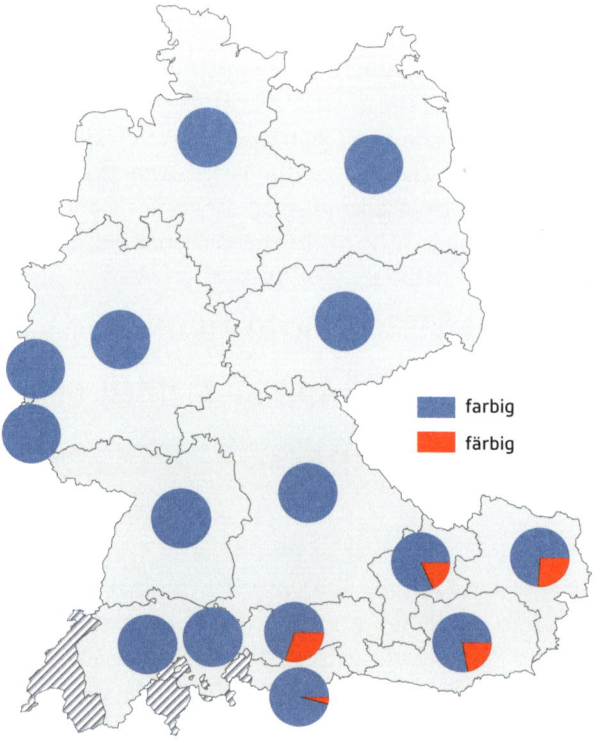

»De Umzoch kütt!« Da stimmt etwas nicht. Was? Das Wort wird im Rheinland ohne den Zusatz *Um-* verwendet. Doch gibt es auch Regionen, wo dies der Fall ist. In Norddeutschland z. B. ist die Variante *Karnevalsumzug* weit verbreitet. Auch in Süddeutschland spricht man von **Umzug**, nicht von *Zug*. Hier allerdings würde niemand als Erstglied das Wort *Karneval* verwenden, es heißt *Fasnachtsumzug* oder *Faschingsumzug*. ▫

G Im Deutschen werden viele Substantive auf **-ung** gebildet (z. B. *Erfahrung*, *Vorlesung*) – und stehen dann in der femininen Form (z. B. *die Vorlesung*). Zu einigen dieser Substantive gibt es auch eine Variante ohne *-ung*. Diese tritt regelhaft mit maskulinem Genus auf (vgl. *der Entscheid / die Entscheidung*; *der Abzweig / die Abzweigung*, *der Verlad / die Verladung*). Nun mögen sich manche fragen, in welchem Kontext das Wort *Verlad* verwendet wird. Dazu ein Beispiel aus einer Schweizer Zeitung: »Wegen Schneefall und Lawinengefahr musste der Autoverlad der Matterhorn Gotthard Bahn an der Furka und über den Oberalppass eingestellt werden.« ▫

G Bei folgendem Schild kamen wir ins Grübeln: Auf welcher grammatischen Regularität basiert *Bei Glatteis ungangbar*? Ein Adjektiv wie **ungangbar** ist eigentlich nicht bildbar, denn dahinter steht das intransitive Verb *gehen*. Anders wäre es bei *bildbar*. Das Verb *bilden* ist transitiv, also ein Verb, das mit einem direkten Objekt verwendet werden kann, vgl. *etwas bilden*. Daraus lässt sich die Aussage ableiten: *Etwas ist bildbar*. Eine solche Herleitung ist bei dem Verb *gehen* nicht möglich, eben weil es kein Objekt zu sich nimmt. ▫

G Das Wort **unkaputtbar** steht sogar schon im Duden (mit dem Hinweis, dass es sich dabei um »Werbesprache« handle). Wir kennen noch weitere solche Wortschöpfungen aus der Werbung, z. B. *käsisch* und *chilisch*. Mit diesen beiden Adjektiven wirbt eine Firma für ihre Grillwürstchen. Die Adjektive folgen sogar den Regeln der deutschen Wortbildung: Man nehme ein Substantiv und füge die Endung *-isch* an (vgl. *Sturm* ▶ *stürmisch*). ▫

G »Wir bitten den **Unterbruch** zu entschuldigen.« So hieß es kürzlich, als wir mit dem Computer eine Verbindung zum Internet herstellen wollten. Solange das nur ein *Unterbruch* ist, kommt man damit zurecht. Doch was würden wir ohne Internet tun? Aber darum geht es jetzt nicht, wir fragen uns: Wann verwendet man in der Schweiz das Wort *Unterbruch*, wann spricht man von *Unterbrechung*? Auf diese Frage haben wir keine Antwort. ▫

G Fährt man *in den* **Urlaub**, *auf Urlaub* oder *in Urlaub*? In der Variantengrammatik steht dazu, dass *auf Urlaub gehen/fahren* in Österreich die bevorzugte Variante ist, in Deutschland hingegen *in den Urlaub gehen/fahren*. Gelegentlich kommt in Deutschland aber auch die Variante ohne Artikel vor (*in Urlaub gehen/fahren*). Und in der Schweiz? Hier *fährt* man nicht *in Urlaub*, man *geht in die Ferien*. ▫

W **Valentinstag**, *Stefanstag, Berchtoldstag, Josefstag.* Es gibt einige Kalendertage, die nach Heiligen benannt sind. Doch diese Bezeichnungen sind nicht überall bekannt. Wer weiß z. B., wann der Berchtoldstag ist? Antwort: Am 2. Januar. Und wann ist der Josefstag? Am 19. März. Dieser wird je nach Region auch als *Josefitag* oder *Seppitag* bezeichnet. ▫

W Im deutschen Wortschatz gibt es **Varianten**, die sich lautlich nur minimal unterscheiden (z. B. *parken/parkieren*), und andere, die sehr wenig gemeinsam haben (z. B. *Tomate/Paradeiser*). Das gilt auch für *Gehweg* und *Bürgersteig*. Und zu diesem Wortpaar kommen noch weitere Varianten dazu, so z. B. *Fußweg*, *Gehsteig*, *Fußgängerweg*, *Gangsteig* oder *Trottoir*. ▫

K Im Deutschen haben wir verschiedene Möglichkeiten, uns informell zu **verabschieden**, z. B. *Tschüss*, *Tschö*, *Machs gut*, *Bis dann*, *Servus*, *Uf Wiederluege* oder *Ade*. Dabei handelt es sich um regionale Variation. Daneben gibt es aber auch situationsbedingte Varianten. Wie verabschiedet man sich z. B. am Telefon? Wir denken hier an die Formel *Auf Wiederhören*. Doch diese ist unter guten Bekannten vermutlich kaum im Gebrauch. ▫

RS Kochrezepte, Gebrauchsanweisungen, Liebesbriefe, Kündigungsschreiben – jede Textsorte hat charakteristische sprachliche Merkmale. Das gilt auch für **Verbotsschilder**. Oft erkennt man sie bereits am Layout (u. a. an der Hintergrundfarbe oder am Schrifttyp). Wie sieht z. B. ein Schild aus, auf dem der Text steht: »Betreten der Baustelle verboten!«? Wir vermuten: Die meisten assoziieren damit ein Schild mit schwarzer Schrift und gelbem Hintergrund. ▫

G *Peter ist nicht da, weil sein Mantel hängt nicht an der Garderobe. – Peter ist nicht da, weil sein Mantel nicht an der Garderobe hängt.* Im ersten Satz entspricht die **Verbstellung** nicht den grammatischen Regeln für das Deutsche, das Verb müsste im *weil*-Nebensatz am Ende stehen. Doch macht nur dieser erste Satz Sinn. Denn warum sollte das Fehlen des Mantels an der Garderobe der Grund für Peters Abwesenheit sein? ▫

V

G Dass der Dativ alternativ zum Akkusativ verwendet wird, kommt in der Standardsprache selten vor (vgl. aber *jemanden rufen / jemandem rufen*). Häufiger ist die Konkurrenz von Präpositional- und Akkusativobjekt (z. B. *auf eine Frage antworten / eine Frage beantworten*). Und auch hier gibt es regionale Variation. So kann man in Österreich sowohl *gegen jemanden klagen* als auch *jemanden klagen*. Entsprechendes gilt für **vergessen**, das in Österreich in den beiden Varianten *etwas vergessen* und *auf etwas vergessen* verwendet wird (z. B. *Er vergaß auf seinen Schirm*). ▫

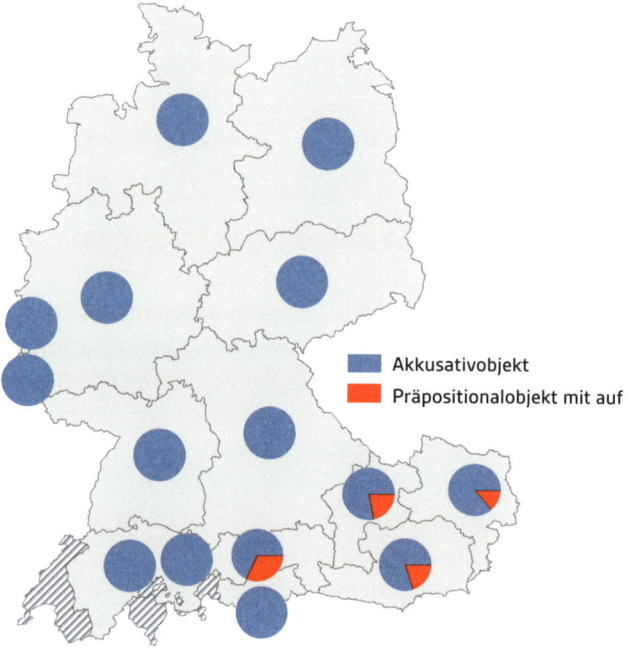

Akkusativobjekt
Präpositionalobjekt mit auf

W Am Sonntag könnte man doch ein feines **Vermicelles** essen. Oder *Kastanienreis*? Beide Wörter meinen dasselbe, das erste verwendet man in der Schweiz, das zweite in Österreich. Doch was verbirgt sich dahinter? Dabei handelt es sich um ein Püree aus gekochten Kastanien, Zucker und Butter. Das ist lecker (oder: fein)! ▣

G Noch etwas zur Wortbildung im Deutschen. Ein schönes Beispiel ist das Verb *verschlimmbessern*. Dieses Wort ist eine »Sparvariante«, es fasst zwei Handlungen zusammen (›etwas besser machen wollen / etwas schlimmer machen‹). Ist das nicht praktisch? Ein weiteres solches Verb ist *textrovertiert*. Dabei handelt es sich um eine Ad-hoc-Bildung, im Duden steht dieses Adjektiv nicht. Und was sollte es auch bedeuten? Hier ein Vorschlag: ›in Textnachrichten besonders extrovertiert sein‹. ▣

G Nun zum Verb *verunfallen* bzw. *einen Unfall haben*. In einer Schweizer Zeitung liest man: »Der verunfallte Velofahrer wurde ins Spital gebracht.« In diesem Satz wird das Wort *verunfallt* attributiv, d. h. als Hinzufügung zu einem Substantiv verwendet. Wir fragen uns: Wie formuliert man das in Deutschland? Mit einem Relativsatz (z. B. *Der Radfahrer, der verunfallt war, …*)? Wie umständlich! ▣

G Das Verb *zeigen* kann mit verschiedenen Verbzusätzen verwendet werden (z. B. *vor-* oder *an-*). In der Schweiz ist auch die Kombination mit *ver-* gebräuchlich, vgl. *jemanden* **verzeigen**. In anderen Regionen des deutschsprachigen Raums wird dagegen fast ausnahmslos das Verb *anzeigen* verwendet. Hier *verzeigt* man niemanden, man *zeigt jemanden an*. ▣

»PRIVAT — Betreten wird gemäss Amtsverbot verzeigt!«

V

G Not macht erfinderisch. Viele Geschäfte hatten in der Pandemiezeit geschlossen – und doch konnte man vor Ort einkaufen.
Wie war das möglich? Man musste das Verkaufspersonal einfach
nur *an**video**en*. Ist das ein neues Verb? Eine Analogiebildung zu
anrufen? Und wie wird das Verb konjugiert? *Ich videoe, du videost,
er videot?* ▫

»Fragen zu einem Produkt? – Video doch einfach an.«

W *Es ist 17 Uhr 20.* Wie würde man dafür auch sagen? *Es ist 20
nach fünf? Es ist zehn vor halb sechs?* Und wie sieht es in den
verschiedenen Dialekten im deutschsprachigen Raum aus?

Dazu ein Beispiel aus der
Schweiz: *zwänzg ab füfi.*
Und noch eine Frage:
Wie benennt man die
Viertelstunde nach der
vollen Stunde? Auch
hier gibt es verschie-
dene Optionen: *Es ist
viertel nach fünf. Es ist
viertel sechs. Es ist viertel ab fünf. Es ist viertel
über fünf.* ▫

W Bei schönem Wetter sind in der Schweiz viele auf dem **Vita-
Parcours**. Doch was ist damit gemeint? *Vita* ist der frühere Name
einer Versicherungsgesellschaft und diese war es, die in der
Schweiz erstmals solche Sportanlagen (vorzugsweise im Wald)
finanzierte. In anderen Regionen ist dies der *Trimm-Dich-Pfad,*
der *Fitnessparcours* oder die *Forstmeile.* ▫

RS Adjektive schreibt man klein. Enthält der folgende Text auf einem Hinweisschild also einen Fehler? Man kann argumentieren, dass *Vorlesungsfreie* Zeit (analog zu *Erste Hilfe*) eine feste Verbindung darstellt. Doch ist das tatsächlich der Fall? Schlagen wir auf duden.de nach. Hier wird dieses Beispiel kleingeschrieben. ▣

»Der Seminarraum ist in der Vorlesungsfreien Zeit verschlossen!«

G Auf duden.de ist zu lesen, dass **während** mit Genitiv auftritt, umgangssprachlich aber auch mit Dativ verwendet wird. Nun finden sich aber auf vielen Hinweisschildern und auch in Zeitungen Belege für die Kombination von *während* + Dativ. Gilt das dann noch als umgangssprachlich? Wir meinen, dass diese Konstruktion mittlerweile schon zum Gebrauchsstandard gezählt werden kann. ▣

»Dieser Parkplatz ist nur für Gäste und nur WÄHREND dem Besuch im Restaurant reserviert.«

G *Buch gut. Auto rot.* Ist das korrektes Deutsch? Nein, im Deutschen muss das Adjektiv vor dem Substantiv stehen, wenn es attributiv gebraucht wird. Doch warum heißt es dann auf einer Wurstverpackung *Mortadella hauchdünn*? Oder an der Obsttheke *Trauben blau*? Und warum steht im Werbeprospekt *Bier alkoholfrei*? Es sind dies **Warenbezeichnungen**, in denen zunächst das Produkt genannt wird, dann die spezifischen Merkmale. ▣

W

G Es gibt Wörter, die nur im Singular stehen (z. B. *Schnee*, *Obst*). Das Wort **Wäsche** gehört nicht dazu, der Plural lautet, so liest man auf duden.de, *Wäschen*. Doch kann man sagen, dass ein Waschmittel *für 100 Wäschen* ausreicht? Das kommt uns seltsam vor. Hier stellt sich das Problem, dass das Wort *Wäsche* zweierlei meinen kann, den Waschgang selbst oder die Kleidungsstücke, die sich in der Waschmaschine befinden. Und offensichtlich verbinden wir mit *Wäschen* die zweite Bedeutung. ▣

G Auf einer Postkarte ist zu lesen: **WAT ES?** Dies ist auf Kölsch ein vollständiger, grammatischer Satz und bedeutet so viel wie: ›Verzeihen Sie, ich habe Sie nicht verstanden. Können Sie das noch einmal wiederholen?‹ ▣

W Im Geschriebenen dient der Dialekt oft als Stilmittel, z. B. um einen Bezug zum Ort des Geschehens herzustellen. So steht auf

einem Schild im Bochumer Bergbau-Museum *Da **wech** bleiben*, auf einem anderen *Da nich hin*. Wie würde man solche Hinweise in München oder Luzern gestalten? Auf dem Bild sehen wir einige Vorschläge. Und in Berlin? Auch dazu ein Vorschlag: *Stehn Se nich da wie een Öljötze, schlagn Se hier keene Wurzeln! Jehn Se weita, Se ham hier nüscht valorn.* ▫

K | *Ich bin **weg*** – sagt man in Nordrhein-Westfalen, auch wenn man noch da ist (aber ankündigt, dass man gehen möchte). Das mag inzwischen auch vielen Süddeutschen vertraut vorkommen, seit Hape Kerkeling ein Buch über seine Pilgerreise geschrieben hat, das den Titel trägt »Ich bin dann mal weg«. Und doch: In Stuttgart, München oder Augsburg würde man das wohl nicht sagen. ▫

G | Wie soll man mit der »normativen Kraft des Faktischen« umgehen? Soll man in einer Grammatik die Gebrauchsnormen darstellen (***wegen** + Dativ*)? Oder soll man sich an den Erwartungen an gutes Deutsch orientieren (*wegen* + Genitiv)? Auf duden.de ist das Problem wie folgt gelöst: Hier steht, *wegen* sei eine Präposition, die mit Genitiv verwendet wird, umgangssprachlich aber auch mit Dativ auftritt. ▫

W | Wie käme man in der Schweiz ohne das Wort **weibeln** zurecht? So gibt es den *Gemeindeweibel*, die *Gerichtsweibelin*, die *Weibelpost*. Und was bedeutet das Verb? Im Variantenwörterbuch werden dazu zwei Angaben gemacht: Zum einen bedeutet *weibeln* ›zielstrebig umhergehen‹; zum anderen ›werbend oder bittend Kontakte knüpfen, Lobbying betreiben‹. ▫

W

W In der Pandemiezeit fiel der Karneval aus. Natürlich wollte man aber trotzdem feiern, z. B. an *Weiberfasnacht*. Was also tun? Man konnte ja zu Hause schunkeln. Doch spricht man überhaupt überall von *Weiberfastnacht*? Wie nennt man diesen Tag noch? Hier weitere Beispiele: *der unsinnige Donnerstag, der schmutzige Donnerstag, Altweiberfastnacht.* ◨

G *Weihnacht* oder *Weihnachten*: Beide Varianten kommen vor. Zudem hat auch das Wort *Weihnachten* zwei Varianten, es kann als Singular- oder als Pluralwort gebraucht werden. Dazu steht in der Variantengrammatik: »In Kombination mit einem Artikelwort (z. B. *das Weihnachten*, *ein Weihnachten*) oder einem Adjektiv (z. B. *besinnliches Weihnachten*) ist das Singularwort [...] vor allem in Deutschland gebräuchlich.« ◨

G Über **weil-Sätze** mit Verbzweitstellung (z. B. *weil ich habe Hunger*) wurde schon viel geschrieben. Wie ist es aber mit *weil*-Sätzen, die gar kein Verb enthalten (z. B. *Ich gehe in die Mensa, weil Hunger. Ich muss nach Hause, weil krank*)? Diese *weil* + Substantiv- bzw. *weil* + Adjektiv-Kombinationen werden immer beliebter. Sie funktionieren in der Regel aber nur, wenn das im Nebensatz ausgelassene Subjekt identisch mit dem Subjekt im Hauptsatz ist. So klingt ein Satz wie *Ich besuche ihn zu Hause, weil krank* seltsam. ▫

RS *Bis auf* **weiteres** oder *Bis auf Weiteres*? Beides ist korrekt, in diesem Fall sieht die Rechtschreibregelung Varianten vor. Nicht so bei *und Ähnliches* (u. Ä.) und *Ersteres/Letzteres* (z. B. *Ersteres hat mir gefallen, Letzteres nicht*). Hier ist nur Großschreibung zulässig. ▫

W »**Weiters** soll ein Briefkasten am Rathaus angebracht werden [...].« Dieser Satz stammt aus einer österreichischen Zeitung. In der Variantengrammatik steht dazu, dass *weiters* in Österreich und Südtirol mehrheitlich verwendet wird. Das Wörtchen *weiter* ist hier, so erfährt man *weiter(s)*, nur eine Nebenvariante. ▫

G »The German grammar is blistered all over with separable verbs.« Das schrieb Mark Twain in seinem Essay »The awful German language«. Als Beispiel nennt er Verbindungen aus Präposition + Verb vom Typus *abreisen* oder *vorlesen* (vgl. *Er las seinem Sohn an Weihnachten eine Geschichte vor*). Und auch hier gibt es Variation. Beispielsweise kann das Verb **widerspiegeln** je nach Region als trennbares oder untrennbares Verb gebraucht werden (vgl. *Das widerspiegelt die Leistung des Teams / Das spiegelt die Leistung des Teams wider*). ▫

W

G In der Innenstadt von Bochum geht der Parkschein »aufs **Wir**« – so wirbt die Stadt. Kann eine solche Formulierung auch Einzug in den allgemeinen Sprachgebrauch halten? Das halten wir für unwahrscheinlich. Oder würde man zu der Bedienung im Restaurant sagen: »Die Rechnung geht aufs Ich.«? ▫

»Dein Parkschein geht aufs Wir.«

G *Wir sind der Westen. Wir sind Kirche. Wir sind Papst. Wir sind Graz.* Was haben diese **Wir-sind**-**Sätze** gemeinsam? Es sind Kollektivaussagen, die in der Werbung häufig als Slogans verwendet werden, die aber auch einen politischen Hintergrund haben können (z. B. *Wir sind das Volk*). ▫

G In dieser Schweizer Textnachricht steht, dass man die eigene Gymnastikmatte mitbringen soll. Interessant ist die Kollektivanrede *Hallo Ladys* und der Relativsatzanschluss *die wo*. Je weiter südlich man im deutschsprachigen Raum kommt, desto eher wird eine solche Konstruktion verwendet, also das Wörtchen *wo* an das Relativpronomen hinzugefügt. ▫

»Hallo Ladys,
bitte nämet hüt Abig öies Mätteli mit ... die WO eis händ. Bis gli!«

W Bekanntlich gibt es im deutschsprachigen Raum eine Reihe verschiedener Wörter für das, was im Variantenwörterbuch umschrieben wird als »kleines bis mittelgrosses [süsses] Gebäck aus Weissmehl, Wasser, Salz und Hefe« (z. B. *Semmel*, *Bürli*, *Brötchen*, *Wecken*, *Schrippe*). Doch wie sieht es mit der **Wurst** aus? Auch hier gibt es verschiedene Wörter für ein und dieselbe Wurstsorte, z. B. *Lyoner*, *Fleischwurst* oder *Schinkenwurst*. Manche verwenden dafür auch die Bezeichnung *Kinderwurst*. Warum wohl? ⊡

RS *Xmas* und *Xing* – Worin besteht der Unterschied? **X** ist der erste Buchstabe im griechischen Wort *ΧΡΙΣΤΟΣ* und wird im Englischen häufig anstelle der Buchstabensequenz *christ* verwendet. In *Xing* dagegen steht das *X* für das Verb *to cross*. Beispielsweise liest man in den USA auf Schildern, die auf einen Fußgängerüberweg hinweisen, *ped xing* (= pedestrians crossing). Und natürlich ist *Xing* auch der Name eines viel genutzten sozialen Netzwerks. ⊡

RS Was haben die Wörter **y-Achse**, *S-Kurve* und *T-Shirt* gemeinsam? Der Buchstabe wird jeweils mit einem Bindestrich abgetrennt. Und wo liegen die Unterschiede? Bei *S-Kurve* und *T-Shirt* ist die Gestalt des Buchstabens relevant (weshalb es keine I-Kurve geben kann), bei *y-Achse* nicht. ⊡

RS *Yacht,* **Yo-Yo***, Yoga:* Zu den ersten beiden Wörtern gibt es eine orthografische Variante, man kann sie auch mit *J* schreiben. Für *Yoga* gilt dies nicht, der Rat für deutsche Rechtschreibung hat 2017 entschieden, dass für dieses Wort nur noch die Y-Schreibweise korrekt ist. ⊡

RS Wenn **Zahlen** substantiviert werden (z. B. zur Bezeichnung von Schulnoten oder Buslinien), gibt es zwei Optionen: Beibehaltung der Wortform oder Hinzufügen von *-er* (vgl. *die Eins* oder *der Einser*). Wo bevorzugt man welche Variante? In Zürich fährt man beispielsweise mit dem *Einser*, in Köln mit der *Eins*. ⊡

X
Y
Z

W In Corona-Zeiten musste man sich gegenseitig Mut machen. Das geschah auch von offizieller Seite, wie man in Solothurn auf einem Plakat sehen konnte. Da war zu lesen: »**Zäme** uf Distanz.« Der Text war in Dialekt verfasst – wohl um den Menschen aus dem Herzen zu sprechen. Ein anderes Beispiel stammt aus Österreich. Kennt ihr z. B. die Wiener OIDA-Regeln? *Obstond hoitn. Immer d'Händ' woschn. Daham bleiben. A Masken aufsetzn.* ▫

RS In einer Alphabetschrift werden nicht nur Buchstaben verwendet, auch logografische **Zeichen** sind im Gebrauch, z. B. das Prozentzeichen (%) oder die Zahlen. Davon zu unterscheiden ist die Rebusschreibung. Diese ist dadurch gekennzeichnet, dass nur die Lautung eines Zeichens verwendet wird, nicht aber seine Bedeutung (z. B. *8ung, 2fel*) ▫

W Jedes Jahr bekommen wir in der Schweiz einen Weihnachtsgruß von unserem **Zeitungsverträger**. Wie gut, dass es diese Tätigkeit noch gibt! Wie nennt man diese Person anderswo? Hier einige Varianten: *Zeitungszusteller, Zeitungsbote, Zeitungsausträger.* ▫

W Sprechen wir (für einmal) nicht vom Coronavirus, sondern von einer anderen Viruserkrankung: *Mumps*. In Österreich und Deutschland wird diese auch als ***Ziegenpeter*** bezeichnet, in der Schweiz gibt es dafür eine ganze Palette von Wörtern. Dazu eine kleine Auswahl aus den Dialekten: *Mulli, Pfuusi, Müggeli, Mumpf, Guttere, Müggler, Chnüttel.* ▫

K Wie drückt man im Deutschen seinen Dank aus? In der »**Zillertaler** Zeitung« steht beispielsweise *Vergelt's Gott!* Laut Variantenwörterbuch ist diese Formel in Österreich, der Schweiz und Süddeutschland im Gebrauch. Und was entgegnet man darauf? *Gern geschehen* passt wohl nicht ganz. Wir empfehlen stattdessen: *Segn's Gott!* ▣

»Zillertaler helfen Zillertalern — Herzliches Vergelt's Gott!«

G Ein Restaurant in Zürich informiert über sein Angebot und verwendet dazu die helvetische Wortbildung [Z + Substantiv]. Diese ist ja so praktisch. Unten sehen wir dazu einige Beispiele. Ergänzen möchten wir diese um zwei weitere: *Zmorge* und *Znüni*. Nur: Was bedeutet *Znüni*? Dazu einige Varianten: *Jause, Gabelfrühstück, Brotzeit, Vesper, Halbmittag, zweites Frühstück*. Nun dürfte die Bedeutung klar sein. ▣

»Zum Zmittag Zum Apéro Zum Znacht«

G Viele Substantive werden im Deutschen aus Verben abgeleitet (z. B. *bauen* ▸ *der Bau*). Das Wort *Bau* kennen wir alle, was aber ist ein *Zubau*? Dieser Ausdruck ist v. a. in Österreich gebräuchlich. Damit werden bauliche Veränderungen an einem Gebäude bezeichnet. Alternativ dazu gibt es auch die Bezeichnung *Anbau*. Dieses Wort dürfte überall bekannt sein, es ist gemeindeutsch. ▣

W Auf dem Wochenmarkt werden verschiedene Gemüsesorten angeboten. Uns geht es hier aber nicht um das Gemüse, sondern um die Bezeichnungen dafür. Interessant ist z. B. das Wort *Zucchetti*. Dieses steht in der Schweiz für das, was in Deutschland als *Zucchini* bezeichnet wird. Und wie ist es mit *Karfiol*? Oder *Ribisel*? *Karfiol* ist das österreichische Wort für Blumenkohl, *Ribisel* steht für Johannisbeere. ▫

W Kennt ihr das Verb *zügeln* und das Substantiv *Zügelmann*? Ist das eine Person, die am Karnevalszug teilnimmt? Und was ist ein *Zügelunternehmen*? Was eine *Züglete*? – Eine *Züglete* meint in der Schweiz einen Wohnungsumzug. Gut beraten ist, wer diesen mithilfe eines Zügelunternehmens durchführen kann, denn diese haben oft kräftige Zügelmänner engagiert. So lässt es sich leichter zügeln. ▫

W Welche Bezeichnungen gibt es alternativ zu dem Wort *Zündhölzer*? Im Variantenwörterbuch steht dazu, dass in Österreich dafür *Zünder* im Gebrauch ist (aber nur im Plural). Und dann spricht man natürlich auch von *Streichhölzern* oder *Schwefelhölzern*. Das erinnert uns an das Märchen von Hans Christian Andersen: »Das kleine Mädchen mit den Schwefelhölzern«. ▫

W Schauen wir zurück auf den 1. August 2020. Der Nationalfeiertag der Schweiz fiel in die Pandemiezeit. In einem Zeitungsartikel dazu wird das Verb *zurückkrebsen* verwendet: »Die einen feiern den 1. August, die anderen krebsen zurück.« Aus dem Kontext geht hervor, was gemeint ist. Und wie sollte man es auch anders formulieren? *Einen Rückzieher machen*? ▫

RS Nun geht es um mehrteilige **Zusammensetzungen**. In einer Tourismuswerbung für Österreich lesen wir: *das endlich wieder Winter Hochgefühl*. Ist dies die korrekte Schreibweise? Nein, substantivische Aneinanderreihungen stehen im Deutschen mit Bindestrich und beginnen mit der Großschreibung des ersten Wortes. Also: *Das Endlich-wieder-Winter-Hochgefühl*. ▫

W *Zvieri* und *Chindsgi* – zwei Schweizer Dialektwörter. Doch warum steht *Zvieri* im Variantenwörterbuch, *Chindsgi* (= Kindergarten) nicht? Das Variantenwörterbuch dokumentiert die Standardsprache, nimmt aber auch Grenzfälle des Standards auf. Dazu wird *Zvieri* gerechnet. Warum? *Zvieri* kommt auch in standardsprachlichen Kontexten vor (z. B. auf Hinweisschildern von Restaurants, in Rezepten). Das ist bei *Chindsgi* nur sehr selten der Fall. ▫

G *Zweimotorig, dreiseitig, vierblättrig, fünfjährig* – die Wortbildung [Zahl + Substantiv-*ig*] ist sehr produktiv. Doch wie ist es mit **zweiplätzig**? Warum wird dieses Wort, obwohl analog gebildet, in Deutschland oder in Österreich nicht verwendet? In der Schweiz ist dieses Wort vollkommen unauffällig (vgl. *ein zweiplätziges Kleinflugzeug*). ▫

W *Fenstertag*, **Zwickeltag**, *Brückentag* – je nach Region verwendet man den einen oder den anderen Ausdruck. Und wie bezeichnet man die damit verbundene Tätigkeit? In der Schweiz *macht man die Brücke* (vom Französischen *faire le pont*). Und in Österreich? Das Fenster macht man wohl nicht … ▫

Z

W Zum Schluss kommen wir zur *Zwiebel* – oder zum *Zwiebel*? Im Variantenwörterbuch liest man, dass die maskuline Variante in Österreich einen Grenzfall des Standards darstellt und man gemeindeutsch das Femininum verwendet. Das gilt auch für die Schweiz, es heißt die *Zwiebel*. Dazu noch einige Dialektvarianten: ▣

Alphabetisches Register

Thematisches Register

Das Buch behandelt vier Themenfelder: Grammatik G, Wortschatz W, Kommunikationsverhalten K und (Recht-)Schreibung RS. Zum Themenbereich *Grammatik* gehören Aspekte der Wortstellung, der Kasusmarkierung und der Verbkonjugation. Unter dem Stichwort *Wortschatz* sind solche Phänomene subsumiert, die lexikalische Unterschiede im Deutschen betreffen (z. B. hinsichtlich der Wortwahl). Der Kategorie *Kommunikationsverhalten* sind die Artikel zugeordnet, die in den Bereich der zwischenmenschlichen Interaktion (auf verbaler und nonverbaler Ebene) fallen. Die vierte Kategorie, die *(Recht-)Schreibung*, umfasst nicht nur solche Artikel, in denen orthografische Aspekte behandelt werden, sondern alle schriftbezogenen Themen. Im Folgenden sind die vier Bereiche separat mit den jeweils dazugehörigen Artikeln gelistet.

G Grammatik

Akkusativ 13, Altersangabe 13, am 13, Analogiebildung 14, ändern 14, anfangen 14, Anrede 15, Artikel 16, außer 18, Badmeister 19, bebadbar 20, bei 21, bereits 22, betreffend 22, blaufahren 24, bremsen 25, campen/campieren 27, Corona 28, da 28, Dativ 29, Datumsangabe 29, des 29, Diminutiv 31, drohnen 32, durchweg 33, dürfen 33, e-Fuge 34, einheben/erheben 35, enteisenen 36, erinnern 37, erschrecken 37, erwarten 37, es hat 38, fringsen 41, geil 44, genug 45, gesprochene Sprache 47, gewohnt/gewöhnt 47, glücklich 47, Hättiwari 51, in 53, Infinitiv 54, Interferenz 55, jährig 56, je 56, käfele 58, kafkaesk 58, Kasus 59, kein 60, klüngeln 61, knöttern 62, Kofferwort 62, Koinon 63, Kollokation 63, Konto 65, Kultur 66, kündigen 67, lädele 68, Leerstelle 70, liken 70, logisch 71, Markt 73, maskiert 74, Maßnahme 74, mausbeinallein 74, Modalverben 76, Monat 76, Mündlichkeit 78, neben 79, Nebensatz 79, Neujahrswunsch 79, niemand 80, Nominativ 80, Objekt 80, oft 81, Packerl 83, Pärke 84, Partikel 84, Pensionist 85, Präposition 88, reformiert 94, Reihe 94, Rindsbraten 95, rosa 96, Rundumadum 97, satt 98, Schalte 99, Service 103, s-Fuge 104, sich 104, Sinn 105, Spargel 106, speisen 106, spielen 107, stoßlüften 108, Stückerl 109, Subjekt 110, Superlativ 110, taugen 111, Top Ten 111, Tor 112, Tüchli 114, um 115, Umlaut 116, -ung 117, ungangbar 117, unkaputtbar 118, Unterbruch 118, Urlaub 118, Verbstellung 119, vergessen 120, verschlimmbessern 121, verunfallen 121, verzeigen 121, Video 122, während 123, Warenbezeichnung 123, Wäsche 124, Wat es? 124, wegen 125, Weihnacht 126, weil-Satz 127, widerspiegeln 127, wir 128, Wir-sind-Satz 128, wo 128, Zmorge 131, Zubau 131, zweiplätzig 133

W Wortschatz

Abitur 12, Amrum 14, Anstösser 15, Apfelkerngehäuse 16, Auffahrt 17, aufhören 17, Aufsteller 18, Äxgüsi 18, badisch 19, Balkon 19, Bändel 19, Bar 20, Bauchgefühl 20, Beistrich 21, Bemme 21, Benevolat 22, Benützung 22, Bettdecke 23, Bienenhonig 23, bodigen 25, Brot 26, Bühne 26, Bünzli 26, Büro 26, Caquelon 27, Chatzetöbeli 27,

Das geht sich aus 28, Dialekt 29, Ding 31, Disco 32, Eingeklemmtes 35, einlangen 35, ennet 36, Erbsensuppe 37, Erkennungstafel 37, Estrich 38, faad 38, Fasnächtler 38, Fernweh 39, fiese Möpp 39, Finkenobligatorium 40, Fleck 40, Französisch 40, froh 41, für einmal 41, Fußball spielen 41, Garçonnière 42, Gebärde 42, gehen 43, Gelbrübe 44, gell 45, Genus 45, Germanismus 46, Güggeli 48, Hagestolz 49, Hahnen 50, halt 50, harzen 50, Harass 50, hässig 51, Hechtsuppe 51, Henkelmann 52, Hickser 52, Hinz und Kunz 52, hogge 53, Homonym 53, Jause 56, Jö-Effekt 57, jo geh 57, Kaffee 58, Kännsch? 58, Karneval 59, Kartoffelpüree 59, Keks 60, Ketchup 60, Kirche 61, kloppen 61, Knöllchen 61, knorke 62, Konfi 64, krampfen 66, kross 66, Lämpe 68, Landesphysikus 68, langen 68, lavere 68, leer 69, Lichtsignal 70, Lockdown 70, Löwenzahn 71, luege 72, mäkelig 72, Marilleler 72, Mäuse 75, Mèche 75, Morgenessen 77, Müllkübel 77, Mütze 78, Namen 79, Nüssler 80, oida 82, Omma 82, österreichisch 83, Palatschinken 83, passen 85, Pfanne 86, Pfnüsel 86, Pi 86, Plätzchen 87, Plausch 87, Pommfritt 87, posten 88, Puff 89, Pusemuckel 90, Putzete 90, Quetschkommode 91, Rad 92, Rande 93, Redensart 93, Reduit 93, Rummel 96, rüsten 97, sächsisch 98, sackstark 98, Salat 98, Schanigarten 99, Schibboleth 100, Schicht 100, Schmackes 100, schmecken 101, Schmutzli 101, Schüfeli 102, Schulanfänger 102, schupfen 102, so 'n 106, spannend 106, Stutz 109, Tacker/tackern 111, Teutonismus 111, Traktandum 113, Trampilotin 113, Trinkhalle 113, Tüdelkram 115, twinten 115, Umzug 116, Valentinstag 118, Variante 119, Vermicelles 120, Viertelstunde 122, Vita-Parcours 122, wech 124, weibeln 125, Weiberfasnacht 126, weiters 127, Wurst 128, zäme 130, Zeitungsverträger 130, Ziegenpeter 130, Zucchetti 132, zügeln 132, Zünder 132, zurückkrebsen 132, Zvieri 133, Zwickeltag 133, Zwiebel 134

K Kommunikationsverhalten

Alles gut 13, bedient 21, Dame 28, Digga 30, Diglossie 30, Dreierchen 32, duzen 34, Gap 42, Gegenstand 43, gerne 46, Geschlechter 46, gleichfalls 47, Grüezi 48, Grußformel 48, ich krieg(e) 53, Interjektion 55, joggen 57, Kollektivgruß 63, Mahlzeit 72, Moin 76, Namastegruß 78, Pragmatik 88, Q 91, Restaurant 95, Sie 105, siezen 105, sozusagen 106, Tschüss 114, verabschieden 119, weg 125, Zillertal 131

RS (Recht-)Schreibung

ABC-Straße 12, Abkürzung 12, Apostrophsetzung 16, Bild 23, Bindestrich 24, BinnenGroßschreibung 24, Dialog 30, Emoji 35, Geldbetrag 45, Hacken 49, Hag 49, instagrammen 55, Jekami 56, Käsefondue 59, Komma 63, Komma 64, K+R 66, Logogramm 71, Müesli 77, Mündlichkeit 78, ohneweiters 82, ÖPNV 82, Palindrom 83, Piktogramm 87, Punkt 89, PW 90, Rechtschreibunsicherheit 93, Ressource 94, Rüebli 96, Rufzeichen 96, Sauce 99, Schrift 101, Schriftdeutsch 102, seit 103, Smiley 105, ss 107, ß 108, Story 108, Straßenname 109, Strich 109, Szepter 110, Trennung 113, Verbotsschild 119, vorlesungsfrei 123, weiteres 127, X 129, y-Achse 129, Yo-Yo 129, Zahl 129, Zeichen 130, Zusammensetzung 133

Quellenverzeichnis

AdA = Elspaß, Stephan / Möller, Robert (2003 ff.): Atlas zur deutschen Alltags-
sprache (AdA). Open-Access-Publikation. Online unter: www.atlas-alltags-
sprache.de.
Duden Online. https://www.duden.de
DWDS = Digitales Wörterbuch der deutschen Sprache. Das Wortauskunftssystem
zur deutschen Sprache in Geschichte und Gegenwart, hrsg. v. d. Berlin-
Brandenburgischen Akademie der Wissenschaften. Open-Access-Publikation.
Online unter: https://www.dwds.de.
Rat für deutsche Rechtschreibung. Regeln und Wörterverzeichnis. Aktualisierte
Fassung des amtlichen Regelwerks entsprechend den Empfehlungen des Rats
für deutsche Rechtschreibung 2016. Mannheim 2018. Online unter:
https://www.rechtschreibrat.com/regeln-und-woerterverzeichnis/
VG = Variantengrammatik des Standarddeutschen (2018). Ein Online-Nach-
schlagewerk. Verfasst von einem Autorenteam unter der Leitung von Christa
Dürscheid, Stephan Elspaß und Arne Ziegler. Open-Access-Publikation. Online
unter: www.variantengrammatik.net
VWB = Ammon, Ulrich / Bickel, Hans / Lenz, Alexandra N. (Hrsg.) (2016):
Variantenwörterbuch des Deutschen. Die Standardsprache in Österreich, der
Schweiz, Deutschland, Liechtenstein, Luxemburg, Ostbelgien, Südtirol sowie
in Rumänien, Namibia und Mennonitensiedlungen. Berlin, Boston: de Gruyter.

Bildquellenverzeichnis

Variantengrammatik des Standarddeutschen (2018). Ein Online-Nachschlagewerk.
Verfasst von einem Autorenteam unter der Leitung von Christa Dürscheid,
Stephan Elspaß und Arne Ziegler. Open-Access-Publikation
[http://mediawiki.ids-mannheim.de/VarGra/index.php/Start]:
S. 17, S. 25, S. 33, S. 34, S. 65, S. 67, S. 73, S. 81, S. 85, S. 95, S. 104, S. 112, S. 116,
S. 120.

Literaturempfehlungen

Ammon, Ulrich (1995): Die deutsche Sprache in Deutschland, Österreich und der
Schweiz. Das Problem der nationalen Varietäten. Berlin, New York: de Gruyter.
Bickel, Hans / Landold, Christoph (2012): Schweizerhochdeutsch. Wörterbuch der
Standardsprache in der deutschen Schweiz. Mannheim, Zürich: Dudenverlag.

Dürscheid, Christa / Businger, Martin (Hrsg.) (2006): Schweizer Standarddeutsch.
Beiträge zur Varietätenlinguistik. Tübingen: Narr.

Dürscheid, Christa / Schneider, Jan Georg (2019): Standardsprache und Variation.
Tübingen: Narr.

Dürscheid, Christa / Elspaß, Stephan / Ziegler, Arne (2019): Variantengrammatik
des Standarddeutschen – das neue Online-Nachschlagewerk zur arealen
Variation in der Grammatik des Deutschen. In: Eichinger, Ludwig M. / Plewnia,
Albrecht (Hrsg.): Neues vom heutigen Deutsch. Empirisch – methodisch –
theoretisch. Berlin, Boston: de Gruyter (= Jahrbuch des Instituts für Deutsche
Sprache 2018), 331–334.

Eichinger, Ludwig M. / Kallmeyer, Werner (Hrsg.) (2005): Standardvariation.
Wieviel Variation verträgt die deutsche Sprache? Berlin, New York: de Gruyter
(= Jahrbuch des Instituts für Deutsche Sprache 2004).

Hagemann, Jörg / Klein, Wolf Peter / Staffeldt, Sven (Hrsg.) (2013): Pragmatischer
Standard. Tübingen: Stauffenburg.

Hägi, Sara (Hrsg.) (2007): Plurizentrik im Deutschunterricht. Themenheft der
Zeitschrift Fremdsprache Deutsch, Heft 37.

Kehrein, Roland / Lameli, Alfred / Rabanus, Stefan (Hrsg.) (2015): Regionale
Variation des Deutschen. Projekte und Perspektiven. Berlin, Boston: de
Gruyter.

Kellermeier-Rehbein, Birte (2014): Plurizentrik. Einführung in die nationalen
Varietäten des Deutschen. Berlin: Erich Schmidt.

Lenz, Alexandra N. / Glauninger, Manfred M. (Hrsg.) (2015): Standarddeutsch im
21. Jahrhundert. Theoretische und empirische Ansätze mit einem Fokus auf
Österreich. Göttingen: V&R unipress (= Wiener Arbeiten zur Linguistik 1).

Österreichisches Wörterbuch (2018). 43., aktualisierte Auflage. Hrsg. vom
Bundesministerium für Unterricht, Kunst und Kultur. Wien: ÖBV.

Schmidlin, Regula (2011): Die Vielfalt des Deutschen: Standard und Variation.
Gebrauch, Einschätzung und Kodifizierung einer plurizentrischen Sprache.
Berlin, Boston: de Gruyter (= Studia Linguistica Germanica 106).

Schneider, Jan Georg et al. (2018): Gesprochener Standard in syntaktischer
Perspektive. Theoretische Grundlagen – Empirie – didaktische Konsequenzen.
Tübingen: Stauffenburg.

Schneider-Wiejowski, Karina / Kellermeier-Rehbein, Birte / Haselhuber, Jakob
(Hrsg.) (2013): Vielfalt, Variation und Stellung der deutschen Sprache. Berlin,
Boston: de Gruyter.

Shafer, Naomi / Middeke, Annegret / Hägi-Mead, Sara / Schweiger, Hannes (Hrsg.)
(2020): Weitergedacht. Das DACH-Prinzip in der Praxis. Göttingen: Uni-
versitätsverlag (= Materialien Deutsch als Fremd- und Zweitsprache, Bd. 103).

Sutter, Patrizia (2017): Diatopische Variation im Wörterbuch. Theorie und Praxis.
Berlin, Boston: de Gruyter (= Studia Linguistica Germanica 127).

Zu der Autorin

Christa Dürscheid studierte Germanistik und Romanistik an den Universitäten Freiburg/Br. und Köln. Zwischen 1998 und 2002 lehrte sie in Köln, Stuttgart und Münster, seit 2002 ist sie Professorin für Deutsche Sprache an der Universität Zürich. Ihre wichtigsten Forschungsschwerpunkte liegen im Bereich der Variationslinguistik und der Internetkommunikation. In diesem Kontext situieren sich auch ihre neuesten Publikationen »Schreiben digital. Wie das Internet unsere Alltagskommunikation verändert« (2016, zusammen mit Karina Frick) und »Standardsprache und Variation« (2019, zusammen mit Jan Georg Schneider). Außerdem forscht Christa Dürscheid zur Schriftlinguistik und zur Syntax und hat dazu zwei Studienbücher verfasst, die inzwischen in fünfter bzw. sechster Auflage erschienen sind. In den vergangenen Jahren hat sie mehrere große Forschungsprojekte zum Sprachgebrauch im Deutschen geleitet, darunter das Projekt »Variantengrammatik des Standarddeutschen«.

© Duden 2021   D C B A

Bibliographisches Institut GmbH,
Mecklenburgische Straße 53, 14197 Berlin

Texte Prof. Dr. Christa Dürscheid
Illustrationen Selina Bauer
Redaktion Carolina Olszycka

Herstellung Alfred Trinnes
Layout und Satz Dirk Brauns, Berlin
Umschlaggestaltung 2issue, München
Umschlagabbildungen Anna_leni/Shutterstock.com (Zelt,
Wohnwagen, Grill, Windrose)

Druck und Bindung AZ Druck und Datentechnik GmbH,
Heisinger Straße 16, 87437 Kempten
Printed in Germany

ISBN: 978-3-411-05986-7
www.duden.de

PEFC zertifiziert
Dieses Produkt stammt aus nachhaltig
bewirtschafteten Wäldern und kontrollierten
Quellen.

www.pefc.de

PEFC/04-31-2260